仏教のミカタ

―仏教から現代を考える31のテーマ

東本願寺出版

——本書について

本書は、月刊誌『同朋《どうぼう》』(東本願寺出版発行)に連載の「仏教の視点から」を基に書籍化したもので、様々な社会問題や人生の悩み、日々の暮らしの中にある身近な事柄から、31のキーワードを抽出し、〝仏教のミカタ(見方)から考えてみると?〟を提起しています。各文章の末尾には、キーワードを問うにあたって、ブッダや親鸞聖人《しんらんしょうにん》などが遺された言葉を「法語」として紹介しています。

今から2500年前のインドからはじまった仏教。場所や時間を超え、ブッダの教えは現代を生きる私たちに何を問いかけているのでしょうか——。本書をとおしてその問いかけにふれていただければ幸いです。

仏教のミカタ　目次

〈凡例〉

*本文中の『真宗聖典』とは、東本願寺出版発行の『真宗聖典』を指します。
*編集部による聞き書きには、文末に（談）と入れています。

1

「コロナ」の時代を生きる

感染症と仏教の歴史。

井上尚実（大谷大学教授）

一人の人間では解決できない問題

新型コロナウイルス感染症の流行は、私たちの生存を脅《おびや》かすと同時に、社会や家族が抱える問題点を浮き彫りにしました。例えば、ステイホームで家族一緒の時間が長引いたためDVや虐待が増加し、非正規雇用の女性の失業が増え、女性の自殺も急増しています。これらは、日本社会にもとからあったジェンダー不平等や貧困・格差などの問題が感染症の影響によって先鋭化し、顕在化したものと考えられるでしょう。

感染症（疫病）の流行は、これまでも人類の歴史を変えてしまうような大きな影響を何度も及ぼしてきました。そして実は、仏教の歴史にも感染症が深く関わっているのです。

釈尊《しゃくそん》が仏教を説いた紀元前5世紀頃、インドでは貨幣経済が発達し、交易が盛んになる中で、人々は城壁に囲まれた都市に集住《しゅうじゅう》するようになりました。例えば、在家の仏弟子として有名な富豪の維摩居士《ゆいまこじ》が住んでいたヴァイシャーリーは、通商貿易が盛んな商業都市でした。人がひとところに密集して住めば、当然そこでは感染症の流行も起きやすくなります。疫病が蔓延すれば善い人も悪い人も関係なく感染し、多くの人が非業《ひごう》の死をとげます。そうした不条理な現実の中で、人々は改めて生老病死《しょうろうびょうし》の意味を考えるようになります。すると、それまでの伝統的な宗教のように、善行に励めば善い報《むく》いが得られるといった業報輪廻《ごうほうりんね》の思想では現実に合わないことが明らかになっていきます。それに対して釈尊は、さまざまな縁（条件）が重なることによってものごとが生起するという縁起の教えを説かれたのでしょう。その背景には、疫病で人々が理不尽に亡くなっていく状況をどう受け止め、どう対応するのかという現実的な問題があったのだと思います。

やがて時代は下って、一切衆生の救済を課題にした大乗仏教が盛んになり、その中で阿弥陀如来の本願を柱とした浄土教の教えが説かれるようになります。そこで問題なのは、釈尊がなぜ衆生救済のよりどころとして阿弥陀仏の教えを説いたのか、ということです。それについて中国の高僧・道綽《どうしゃく》は『安楽集《あんらくしゅう》』第八大門において、釈尊在世時のヴァイシャーリーにおける感染症流行の例を挙げ、一人の人間としての釈尊だけでは解決できない現実の問題が起こったとき、一切衆生を救済する願いをもって永遠にはたらき続ける阿弥陀仏の本願が真のよりどころとして説かれたのだと論じています。

いま私たちが経験しているように、感染症の問題は一人の人間がいくら努力しても解決しません。自分や家族だけ感染しないように願っても無理で、社会の全ての人と力を合わせて対策する必要があります。社会にそういう問題が起きた時にこそ、一切衆生と共に救われることを願った阿弥陀仏の本願が大きな意味をもってくるのでしょう。

なぜ念仏者は「如来にひとし」なのか

浄土真宗を開いた親鸞も、その生涯において何度も疫病や飢饉を経験しています。9歳で出家されたときは養和《ようわ》の飢饉でしたし、42歳で家族と一緒に越後から関東へ移られたときも建保《けんぽう》の飢饉の最中でした。関東から京都へ戻る直前の59歳のときには、中世最大といわれる寛喜《かんぎ》の大飢饉を経験し、感染症によると思われる高熱で寝込んでいます。ここでは、親鸞の最晩年、86歳から88歳の間に起きた正嘉《しょうか》の大飢饉について、その経験が思想の変化にどう影響したかを見てみましょう。

親鸞は晩年のこの時期、関東の弟子たちに宛てた手紙の中で、「現生正定聚《げんしょうしょうじょうじゅ》」（生きている内に、将来は必ず仏となるべき身に定まること）について積極的に論じ、その正定聚の位に達した念仏者のことを「如来とひとし」、「弥勒《みろく》におなじ」といった強い言葉で形容しています。例えば、1257（正嘉元）年10月10日に弟子の性《しょう》信《しん》に宛てた手紙では、「真実信心の人は、この身こそあさましき不浄造悪《ふじょうぞうあく》の身なれども、心はすでに如来とひとしければ、如来と申すこともあるべし」（『御消息集《ごしょうそく》』（善性《ぜんしょう》本））と書かれています。どうして親鸞はこの時期に、こんな極端な表現を何度も繰り返し使ったのでしょうか。

疫病の蔓延という私の力だけではどうしようもないことが起きた時、大切なことは何か、と親鸞は考えたのでしょう。そしてそれは、生きているうちに信心をいただく（正定聚に住する）ことであると。そして信心をいただくとは、どこまでも自分中心にしか生きられない私たち人間が、如来の慈悲の心をいただくことによって、自分中心の利己的な心を超える道を見出すことに他なりません。たとえ体は不浄造悪の身であっても、心は如来と等しい。こうした強い言葉を使って、親鸞は念仏者の尊厳を積極的に強調し、厳しい現実の中で苦悩する人々に、自信をもって生きよと励ましているのだと思うのです。（談）

いのうえ　たかみ
1959年長野県生まれ。京都大学文学部卒業。大谷大学大学院修士課程修了。カリフォルニア大学サンタバーバラ校大学院修士課程を修了し、Ph.D.の学位を取得。大谷大学教授。専門分野は真宗学、仏教学、宗教学。

法語

真実信心《しんじつしんじん》の人は、この身《み》こそ
あさましき不浄造悪《ふじょうぞうあく》の身なれども、
心はすでに如来《にょらい》とひとしければ、
如来と申すこともあるべし

出典／『御消息集』（善性本）第5通（『真宗聖典』591頁）

2 「多様性」差異《ちがい》を認め合う世界へ

多様性を尊重し、他者と共に生きる。

木越 康（大谷大学教授）

「多様性」のふたつの意味合い

近年、「多様性」（ダイバーシティ）という言葉がよく使われるようになりました。「生物多様性」のようにあらゆる生き物について言われることもありますが、多くの場合は、ある社会集団や組織の中での人間の多様性を肯定的にとらえる意味で使われます。民族や国籍、年齢や学歴・職歴、性別や性的指向・性自認といった、様々な側面からとらえられる人間の多様な性質を指します。

多様性を大切にすることは、一見すると理想的な態度ですが、気をつけなければいけないのは、この言葉を誰がどんな意味で使っているのかということだと思います。そこには、大きく分けてふたつの使われ方があります。ひとつは、人間の多様性を尊重して、異なる他者と共に生きる社会を構築していこうという発想のもとで使われる場合。そしてもうひとつは、多様な人の中から優秀な人間を〝人材〟として登用しようという発想で使われる場合です。

後者の意味の「多様性」は、主に経済界や産業界で使われる言葉であり、アメリカの企業などで始まった考え方のようです。多民族国家のアメリカで、民族、性別、性的指向などのボーダーを取り払い、より多様な人々の中から有能な人間を人材としてピックアップする発想です。こうした考えの「多様性」は、労働力や生産性などで人を測り、劣った人は切り捨てていくという状況を作り出す危険性があることを、私たちは知らなければなりません。

傷つき救いを求める弱者をこそ

そういう「多様性」の理解の中で、仏教・真宗の立場からはどういうことが大切になるのでしょうか。

たとえば一人して七子あらん。この七子の中に、(一子) 病に遇《あ》えば、父母《ぶも》の心平等ならざるにあらざれども、しかるに病子において心すなわち偏《ひとえ》に重きがごとし。

これは『涅槃経《ねはんぎょう》』の一節で、仏が衆生《しゅじょう》を思う心を、親が子を思う心に喩えた文章です。ある人に七人の子がいて、そのうちの一人が病気になったとすると、親が子を思う心は平等だとしても、その時にはまず病気の子を思いやるものだ、ということが書かれています。親鸞はこの言葉を『教行信証《きょうぎょうしんしょう》』信巻《しんのまき》で大切に引用し、真の仏弟子とは何かを語りました。「多様性」という言葉の裏で、弱者が切り捨てられてしまうような社会にあって、ブッダの教えは、最も弱く、傷つきやすく、救いを求めている者にこそ心を寄せるべきだと説いています。この教えを多様化の中で、私たちは自分たちの課題として担っていかなければならないと思います。

異なる他者と出会い続ける歩み

もうひとつ、先に述べた前者の意味の「多様性」についても、困難な問題があると思います。前者の「多様性」を美しい言葉で語れば、「人間の多様性を尊重し、異なる他者と共に生きる社会を構築しよう」ということになるのでしょうが、これは容易なことではありません。実現困難である一番の要因は、私たち自身にあります。身のまわりで起きている多様化を認めなくてはならないと分かっていても、なかなか自分の内にある価値観の壁を越えられない。容易に受け入れることができないからこそ「異なる他者」なのであって、私たちは自ら壁を設けて、違和感を持つ他者を遠ざけ、拒む性質があるということを、まずはしっかりと正視しなければならないと思います。

大切なことは、おのれ自身が、多様化する社会の中で、人を排除し傷つけることを繰り返す危うい存在だということを知ることでしょうか。そこで、傷つけられた人の訴えを聞いて自分の過ちに気づき、同じ間違いを繰り返さないでおこうとする。やはり親鸞が「信巻」に引いている教えです。

> 二つの白法《びゃくほう》あり、よく衆生を救《たす》く。一つには慚《ざん》、二つには愧《き》なり。「慚」は自ら罪を作らず、「愧」は他を教えて作《な》さしめず。

「慙」も「愧」も、恥じること傷《いた》むことですが、自らの過ちを恥じ傷むことが、実は同じ間違いを繰り返さない大切な道なのだとブッダは教えます。異なる他者と出会って戸惑うことのある私たちですが、互いの過ちに傷みを持ち、伝え合い、さらには許し合いながら、少しずつ前に進む。そういうかたちで出会い続けることが、多様化する社会にあっての大切な営みなのだと思います。（談）

きごし やすし

1963年米カリフォルニア州生まれ。小中学生時代を金沢で過ごす。大谷大学大学院文学研究科真宗学専攻博士後期課程満期退学。大谷大学教授。2016年4月から2022年3月まで同大学学長。著書に『仏教と人間教育 そして真宗』(東本願寺出版)、『ボランティアは親鸞の教えに反するのか―他力理解の相克』(法藏館)など。

法語

二つの白法《びゃくほう》あり、よく衆生《しゅじょう》を救《たす》く。
一つには慚《ざん》、二つには愧《き》なり。
「慚」は自ら罪を作らず、
「愧」は他を教えて作《な》さしめず。

出典／『教行信証』信巻（『真宗聖典』257頁）

3

「経済」を考える

「価値」に支配される苦悩からの解放。

織田顕祐（大谷大学名誉教授）

「お金」が人間にもたらす倒錯性

高校生のとき、「政治経済」の授業でこんな宿題が出ました。「お金は手段なのか、それとも目的なのか、一週間考えてきなさい」。

考えるまでもなく、お金は何か欲しいものを買うためにあるのですから、目的ではなく手段のはずです。しかし、よく考えてみると、私たちは手段であるはずのお金を、いつのまにか目的にして生きていないだろうか。例えば、何かを買いたいと思って貯金をしているうちに、お金を貯めることそのものが目的になって、それに支配されるようなことがあるのではないか…。おそらく、そのことに気づかせるのが先生の狙いだったのでしょう。

思えば私の母は、貧しい暮らしの中で、よく私にこう言っていました。「お金は、体に貼りつけても温かくないし、食べることもできない。こんなものに振り回される人間だけにはなるな」。その通りですね。お金はそれ自体に効用があるわけではない。それなのに、私たちはなぜかいつのまにかそれ自体が大切なもののように思いこんでいます。そして時には、お金に替えがたい大切な友情や信条をお金で売り渡したりします。つまり、手段と目的が逆さまになってしまうのです。

親鸞聖人は、『教行信証』にこんな言葉を書きつけておられます。「たまたま浄信《じょうしん》を獲《え》ば、この心顚倒《しんてんどう》せず、この心虚偽《しんこぎ》ならず」。

つまり、仏さまの教えに出遇って信心を得るときには、心が逆さまになったり偽りになったりすることがない、と言われているわけですが、それは逆に言えば、私たち人間の心というのは、教えに出遇わない限り、倒錯《とうさく》や虚偽を免《まぬが》れ得ないということでしょう。そして、お金というものをよく考えてみると、そうした人間の倒錯性に気づかされるのです。

お金には三つの機能があると言われています。第一は「交換」という機能です。物々交換なら、例えば大根を千本持って行って布一反と替えてもらうといったことをしなければいけません。しかし、お金があるから、簡単にいろんなものが手に入る。お金は流通の合理化に役立つ便利な道具です。

第二の機能は「貯蓄」です。お金は大根のように腐りませんから、貯めておくことができる。しかし実はこのことが、お金が人間社会に大きな問題をもたらす原因になっています。蓄えたお金は、やがて権力を生み、人を支配する道具になります。

他人を支配するだけでなく、自分もそれに支配されてしまい、すでに一生かかっても使いきれないほどのお金を貯めているにもかかわらず、さらに一円でも多く貯めようと血眼《ちまなこ》になったりします。そして、その結果肥大化した金融経済が実体経済を振り回すようになり、世界中で国家財政が破綻するような問題を引き起こしているのです。

第三の機能は「計量」です。お金は、抽象的にものの価値を測る尺度になります。例えば真心のこもったサービスとチョコレート一個がどちらも同じ300円なら同じ価値というように、本来は比べようのないものを比較することができます。

そしてそれは、やがて人間を測る尺度にもなります。例えば年収一千万円の人と二百万円の人を比べると、何となく一千万円の人が偉く見えてくる。人間はもともと平等のはずなのに、お金は人間の価値を測り、差別を生みだす尺度にもなります。

そして、このことが今日の私たちに大きな苦悩をもたらしているのです。

現代人を脅かす「無意味の不安」

仏教と経済というと、何か縁遠いもののように思われるかもしれません。しかし、私はそれどころか、現代では経済の問題こそ仏教が真剣に考えるべき課題ではないかと考えているのです。

アメリカの神学者、パウル・ティリッヒ（1886～1965）が、こんなことを書いています。人間はいつの時代でも死に脅かされる不安な存在だが、生きる時代によってその不安のあり方は変わってくる。ティリッヒは、それを①古代（「存在の不安」の時代）、②中世（「罪責《ざいせき》の不安」の時代）、③近代（「無意味の不安」の時代）という三つの時代に区分しました。

①の「存在の不安」とは、自分の存在そのものの不確かさを死によって気づかされた不安でしょう。②の「罪責の不安」は、自分には罪があるから死んだら地獄へ堕ちるかもしれないという不安。そして③「無意味の不安」とは、自分の存在には

意味がないのではないか、生きる価値がないのではないかという近代人特有の不安です。

ティリッヒはキリスト教を前提にして書いているのですが、仏教でも同じことがあてはまります。古代に生きたお釈迦さまは、「四門出遊《しもんしゅつゆう》」の挿話に説かれるように、王城を出て生老病死の現実に出会い、自分の存在の不確かさに不安を感じて出家しました。つまり①「存在の不安」です。そして親鸞聖人が生きた中世は、死んでから地獄に堕ちるか極楽に往生《おうじょう》するかが人々の不安の中心でした。これは②「罪責の不安」です。

そして、現代の私たちはどうでしょう。私たちは死の不安を感じても、「地獄に堕ちるだろうか」とは考えませんね。それよりやはり、「自分の生には意味があるだろうか」「自分には価値があるのだろうか」という悩みをもつのではないでしょうか。

つまり、現代人の悩みは、常に「意味」と「価値」に捉われているのです。そして、端的に言えば「意味」を表すものは「言葉」ですし、「価値」を表すものは「お金」です。現代では、「言葉」と「お金」が人間の苦悩の根源にあるといってよいと思います。

お金は便利ですから、それをなくすことはできません。しかし、お金に支配されたり、振り回されたりしない生き方を獲得することはできるはずです。それはどんな生き方なのか…。それを真剣に考え、提言することこそ、仏教が現代において果たすべき大きな役割ではないかと考えています。（談）

おだ　あきひろ
1954年愛知県生まれ。大谷大学大学院文学研究科博士後期課程満期退学。同朋大学特任教授。大谷大学名誉教授。著書（単著）に『親鸞聖人と聖徳太子』（東本願寺出版）、『華厳教学成立論』『暮らしの中に仏教を見つける』（以上、法藏館）、監修に『マンガで味わうブッダの教え 帰り道で話そうよ』（東本願寺出版）など。

法語

たまたま浄信《じょうしん》を獲《え》ば、
この心顚倒《しんてんどう》せず、
この心虚偽《しんこぎ》ならず。

出典／『教行信証』信巻（『真宗聖典』212頁）

4 「AI(人工知能)」を考える

自分自身の存在の意義を見失わないこと。

鶴見 晃(同朋大学教授)

AIの進化で宗教も変わる?

AI(人工知能)という言葉をよく聞くようになりました。AIの発展によって〝無くなる職業〟が予想されたり、人間の知能を超えるAIがいずれ作られるとも聞きますが、正直、現状もふくめ、よくわからないというのが実感です。

よく言われることですが、携帯電話を持つようになって電話番号を覚えなくなった方も多いでしょう。私など自分の家の番号も怪しいときがありますが、ＡＩと聞くと、私は、こうした人間の側の変化を考えてしまいます。大量の情報を処理するＡＩが人間に近い、あるいは人間を超える能力を備えていくと、そうした記憶だけでなく、考えるという人間の営みも変化していくのではないでしょうか。歴史上、人間はずっと変化してきましたが、全能でないにしろ、人間を超えた知能をもつＡＩが人間以上にものを考える時代の中で、私たちは何をどのように考えるようになっていくのでしょうか。

人間を超える知能をもつＡＩが登場するのなら、その影響は宗教界にも及ぶことでしょう。膨大な宗教・哲学情報をＡＩが処理できれば、人工僧侶・人工神父が人々の人生相談にのる日も来るかもしれません。そうすると日々選択に悩む私たちの相談に対して、ＡＩが的確なアドバイスをしてくれるようになるかもしれません。

ですが問題は次の点にあると思います。よきアドバイスがあろうと、生きるということまでは誰も代わってくれないということです。もちろん死んでいくこともです。仏教思想が本棚やパソコンに保存されていたり、ＡＩが教えてくれたりして、いつでも知ることができることと、教えを依《よ》りどころとして〝生きる〟という問題は別であり、そこに宗教の核心があります。

比べるものがない存在の尊さ

では、仏の教えを依りどころとして生きるということ、いいかえれば仏道とはどういうことでしょうか。私は、仏道とは自己という存在を、仏の智慧に照らされながら生きることだと考えています。仏教では、仏の智慧を暗闇を照らし破る光に喩《たと》えますが、智慧に照らされた人生、そしてその世界は、お釈迦さまの次の言葉に教えられるように思います。

世界は美しいもので、人間の生命《いのち》は甘美なものだ。

（梵本『大般涅槃経』、中村元『仏典のことば』岩波書店２４４頁）

これはお釈迦さまが亡くなる少し前に語られたと伝えられる言葉です。仏教は、私たちの煩悩の心をきびしく見つめ、煩悩の消滅をさとりの境地とするのですが、実は、煩悩によってさえぎられ、見失っているのは、人間と世界の美しさであり、すばらしさなのです。

それは、次の有名な言葉によってもうかがわれます。

吾《われ》当《まさ》に世において無上尊《むじょうそん》となるべし

（『仏説無量寿経』、『真宗聖典』２頁）

これはお釈迦さまが誕生のときに語られたと伝えられる言葉です。「無上尊」とは、〈この上なく尊い存在＝仏〉ということですが、それは、劣った者たちを下に従えた尊い存在ということではなく、比べるものがない存在の尊さを表す言葉でしょう。あらゆる存在が尊い。人間と世界の美しさ、すばらしさとは、この尊さにうなずかれるのでしょう。生まれたての赤ん坊が言葉を話すなどありえないことですが、こうした逸話を伝承しながら、仏教徒たちは、お釈迦さまと同じく〈この上なく尊い存在〉に目覚めるべく誕生したことの意義を確かめてきたに違いありません。

悲しいかな、人間は人と比べて自分を自慢するばかりでなく、人と比べて自分を劣っていると考え、卑下《ひげ》する生き物です。人との比較だけでなく、過去の自分と比べて喜んだり嘆《なげ》いたり、自分の未来をいろいろ思い描いて、期待したり、不安をおぼえたりもします。私たちの社会には、人に上下や優劣をつけるものさし、価値観が溢れていますから、どうしてもその価値基準のなかに相対的に自分を位置づけ、他者と比べてしまうのです。私たちの苦悩は、こうした比較から多く生まれてきます。この比較するこころが実は煩悩なのです。比較して、比較して、自分を、他者を、ありのままに見ることができない。仏教からすると、私たちが苦しむのは、煩悩によって自分の真実の姿、〈この上なく尊い存在〉であることを見失っているからなのです。仏道とは、この煩悩によって見失う存在の意義を見つめていくことであると思います。

今後、ＡＩが発展していけば私たちの生活のすみずみまでＡＩに支えられたものになるでしょう。その生活がどのようなものであるのか想像がつきません。しかし、その生活の中で自分自身の存在の意義を見失っていくのならば、便利で快適であったとしても、決して生きやすくなるのではないのでしょう。社会は常に変化し、人間の生活も変わっていきます。そのなかで、一人ひとりの存在の意義を見つめつづけることが、大切というよりも、生きていく上で不可欠のことであると思います。

つるみ　あきら

1971年静岡県生まれ。大谷大学大学院博士後期課程満期退学。同朋大学教授。真宗大谷派岡崎教区善正寺衆徒。著書に『『観無量寿経』「是旃陀羅」問題とは何か』（真宗大谷派三重教区）、編集協力に『書いて学ぶ親鸞のことば　正信偈』『書いて学ぶ親鸞のことば　和讃』（以上、東本願寺出版）、論文に「「屠沽の下類」考―河田光夫と親鸞」「親鸞聖人と聖徳太子」など。

法語

吾《われ》当《まさ》に世においで無《む》上《じょう》尊《そん》となるべし

出典／『仏説無量寿経』（『真宗聖典』2頁）

5

「老い」に向き合う

「老い」の「苦」を実感し、仏道に立つ。

浅野玄誠（同朋大学名誉教授）

「老い」は問題ではなく課題

２０１１年、東本願寺で「老い」をテーマにシンポジウムを行いました。その時に哲学者の鷲田清一さんが「老いは問題ではなく課題だ」と言われたのを思い出します。私たちは普段、平気で「老いの問題」と言います。しかし「問題」と言う場合、それは「ない方が良いもの」となります。それでは、本当に「老い」はない方が良いものでいいのでしょうか。
〝アンチエイジング〟（抗老化医学）という言葉は、「老い」を「問題」とする傾向をよく表していると思います。しかし、顔のしわをのばしたり、髪の毛を生やしたり、若く見えるようにと老化に抵抗することで、一体何が解決したのでしょうか。私は解決どころか、むしろ仏教を実践していく場（行道）が失われるのではないかと感じています。

人間にとって「老い」がもつ一番大きな意味は、死についてまじめに考えるようになることではないでしょうか。若い時にいくら「死について考える」と言っても、なかなか自分自身のこととして受けとめることができません。ところが、年齢を重ね、検査などで病気が見つかってくると、ようやく死が身近なこととして迫ってきます。

仏教で「老い」は「生老病死」の一つとして、苦と押さえられます。[*1]十二支縁《じゅうにしえん》起《ぎ》では、老と死が一緒になって、老死があるから苦悩があると因果関係が確かめられていきます。そして、そもそも老死があるのは生があるからだと説かれます。つまり、私たちが老いることで実感するのは、苦なのです。「ああ、自分は苦の中で生きているのだ」と。

私たちは死を何度も経験することはできないので、死を語ることは不可能です。しかし、老については、まさに進行中ですので語ることができます。だから、苦ということを自分の「課題」として受けとめるのには、「老い」について考えるのが一番なのです。もちろん、苦には病もありますが、完治するものもありますし、大きな病にかからない人もいます。だから、誰もが共有していて、最も苦の原因性として考えることができるのは「老い」です。

仏教の基本には「苦《く》・集《じゅう》・滅《めつ》・道《どう》」の四聖諦《ししょうたい》があります。まず苦を実感し、続いてその根拠（集）を探り、さらにはそれを滅するための具体的な方法（道）をたずねていきます。その第一の「苦諦《くたい》」を実感する出発点こそが「老い」なのです。

「老い」を直視しないという問題

現代は高齢社会とも言われ、「老い」がより身近になった時代です。ところが、それを見えないところに追いやってしまっているように感じます。つまり、私たちは苦を見たくないのです。

お釈迦さまの語録が収められた原始経典の『ダンマパダ』（中村元訳）には、「老い」について「この容色は衰えはてた。病いの巣であり、脆くも滅びる。腐敗のかたまりで、やぶれてしまう。生命は死に帰着する」と説かれています。ここでは老死が正面から捉えられていますが、私たちはこれが嫌なのです。そして、今の時代はお金さえあれば「老い」を見ないふりができるのです。

現実には、人間の姿は今も昔も変わっていません。そのことが知らされるのは、両親など身近な人の老いていく姿を通してです。しかし、その人たちを自分たちの暮らしからなるべく見えないところへ追い出そうとします。そうして「老い」を排除し、若さだけを尊ぶ社会を作って安心しようとする、これが現代ではないでしょうか。

しかし、それではいつまでたっても仏道には至らないのです。そして、自分が老いてきたと実感する時に初めて、その現実を直視しなければならなくなってあせるのです。そこが問題です。私たちは「苦・集・滅・道」の最初の「苦」を真実として捉えようとしないため、その先に進むことができません。問題があるのは「老い」ではなく、このような私たちの姿勢ではないでしょうか。

古来、仏教では「無常」「苦」「無我」の順番で教えが説かれてきました。「無常」とは「あらゆるものは変化してとどまることを知らない」ということで、「老い」はその一つの象徴的な姿です。そのことは多くの人にとっては嫌なことなので「苦」

が起こります。しかし、その「苦」をしっかりと見つめ、原因を確かめると、永遠不変なものは一つもないということ（無我）が知られ、ようやく「苦」から解放されていきます。つまり、苦しみがなければ解放もありません。

そのことが原始経典の『ダンマパダ』には、もし人が自己を構成している諸要素の盛衰と興亡（いのちの変化と生滅）を正しく思惟《しゆい》するならば、その思惟に応じてその人は、不死（真実）を了知して歓喜と喜悦を得ることになるだろう、と説かれます。人間は「諸蘊《しょうん》」（存在を作り出す五つの要素→五蘊）を因として縁（条件）によって生み出されたものに過ぎません。そのようにして成立した人間存在は変化と生滅を為すものであり、「無常」なものに過ぎません。その「無常性」に心を集中しないで、「不死」という真理を自覚することはありません。「老い」という「無常」なる「生滅」を通して「苦」を実感することが、「喜び（歓喜）と悦楽（喜悦）」を体得する因となります。そこに人間が仏道に立つ可能性を開くのです。（談）

＊1　十二支縁起…老病死の苦が生じる原因を追求し滅するため、十二の因縁を観察したもの。無明《むみょう》、諸行《しょぎょう》、識《しき》、名色《みょうしき》、六処《ろくしょ》、触《そく》、受《じゅ》、渇愛《かつあい》、取《しゅ》、有《う》、生《しょう》、老死《ろうし》。

あさの　げんせい

1955年岐阜県生まれ。大谷大学大学院博士課程満期退学。文学修士。元同朋大学学長。同朋大学名誉教授。2016年11月17日逝去。著書に『非常識のススメ』（東本願寺出版）、共著（論集）に『仏教とジャイナ教』（平楽寺書店）など。

法語

個人存在を構成している諸要素の
生起《しょうき》と消滅とを正しく
理解するのに従って、
その不死のことわりを知り得た
人々にとっての喜びと悦楽なるものを、
かれは体得する。

出典／『ダンマパダ』（中村元訳『ブッダの真理のことば 感興のことば』岩波書店（岩波文庫）、62頁）

6 「臨床」を考える

存在をそのまま受け止め、共に歩み続ける。

茨田通俊（真宗大谷派僧侶）

人の状況に応じて教えを説く ―対機《たいき》説法《せっぽう》―

現代に伝わる仏様の教えは、実際に人が生きる現場において、どのように説かれたのでしょうか。元来お釈迦様は、自らの悟《さと》りの境地《きょうち》を体系化された理論として説かれることはありませんでした。相手の資質や立場など様々な状況に応じて、丁寧かつ柔軟に接しながら教え導くという方法を採られたのです。これは対機説法と呼ばれています。

人の理解力やそれぞれの性質に応じてなされるお釈迦様の説法は、仏典の中に様々な形で表れます。例えばお釈迦様は、知力の劣るチュッラパンタカに、布切れに触るという容易な行為の実践を勧めました。それに迷わずに取り組むことで本人の内観が深まると、やがて布切れに付いた垢《あか》が自身の煩悩《ぼんのう》に他ならないことを説き、チュッラパンタカを悟りへと導かれたのです（『ジャータカ』）。

また、凶賊《きょうぞく》アングリマーラがお釈迦様を襲った際に、お釈迦様は相手の「止まれ」という脅迫に対して、「汝《なんじ》こそ止まるがよい」と言い放たれました。そして止まるという身体的行為を、生物を傷つけないという自制心に転換して説くことで、残虐な殺人を重ねていたアングリマーラを改心《かいしん》へと至らせました（『テーラガーター』）。

「応病与薬《おうびょうよやく》」という言葉もありますが、これは、そうした相手の実状に応じて行う説法を、医者が病の種類に応じて患者に適切な薬を施《ほどこ》すことに譬《たと》えているのです。

お釈迦様は相手の存在を受け止め、対話をとおして教化を進められました。異なる信仰をもつ者に対しても、その主張を無闇に排斥《はいせき》せずに、問答をとおして説諭《せつゆ》していかれたのです。まさに現場を重視する臨床の姿勢が、仏教教化の歴史に一貫するものであったことがわかります。

親鸞聖人の教化もまた、臨床に沿ったものであったと言えるでしょう。『歎異抄《たんにしょう》』やお手紙などによると、弟子との問答の形をとおして大切な事柄が説かれていることがわかります。弟子の唯円《ゆいえん》が、念仏を称《とな》えても歓《よろこ》びの心が起こらないのは何故かと尋ねた際に、親鸞聖人は自らも同じ思いを抱いていることを認めながら、歓びの心が生じない煩悩にまみれた身であればこそ、如来《にょらい》の本願《ほんがん》の下に往生《おうじょう》が定まっているのだ、と語っておられます（『歎異抄』第9章）。

いくら立派な教理《きょうり》を口にしても、現場に思いを通わせない言葉は、人の心に届くことはないでしょう。そして、相手が抱く課題を自らのものとして謙虚に聞いていく姿勢が、自他共に救われる道を開いていくのでしょう。

共に苦と向き合うことをとおして

『仏説観無量寿経《ぶっせつかんむりょうじゅきょう》』は、親子間の惨劇を描いた「王舎城《おうしゃじょう》の悲劇」で知られています。息子の阿闍世《あじゃせ》王の背信で幽閉の身となった韋提希夫人《いだいけぶにん》は、憔悴してお釈迦様に教えを請《こ》いました。韋提希の前に現れたお釈迦様に対して、号泣しながら「私は過去に何の罪を犯したために、このような悪い子を生んだのか」と訴えます。自己のはからいではどうにもならない問いに苦しむ韋提希の求めに応じて、お釈迦様は阿弥陀仏の浄土の相《すがた》をお示しになられました。それによって苦の極みにあった韋提希は、どんな罪悪の深い者でも念仏を称えれば、誰でも浄土に往生できるという世界に出遇《であ》えたのでした。

忘れてはならないのは、人間の苦悩の事実に対して教法が説かれ、苦しむ者の心に響くのであって、まず教法ありきではないということです。お釈迦様は、生老病死の事実をとおして人生は苦であることを説き、苦の原因は私の心の内にあることを明らかにされました。親鸞聖人もまた、苦と真剣に向き合う中で、罪深き身の自覚をとおして真の救いを見出されました。苦悩があるところに開かれてきたのが仏教であると言えるでしょう。

現代社会は様々な問題を抱えており、私たちが苦悩の現場に遭遇《そうぐう》することは少なくありません。人の最期《さいご》を看取るターミナルケアは、確かに厳しい現実を伴っています。しかし、死を目前にした者は死と対峙《たいじ》して、初めて本当の生の意義に目覚められるのかもしれません。命尽きようとする者が身をもって発する問いかけに、周囲の者は懸命に耳を傾けることで、かけがえのない人生に出遇っていくことができるのです。

苦悩を共に見つめ、共に痛み、共に考える中で、紡ぎ出されてきた言葉が教えとなったのです。苦を克服するのではなく、苦と向き合う中で、苦のままに救われる道を示す仏教の智慧は、まさに臨床の場において輝きをもってはたらくのではないでしょうか。

まんだ　みちとし

1962年大阪府生まれ。大谷大学大学院博士後期課程満期退学。元公益財団法人中村元東方研究所専任研究員。東方学院講師。専攻は仏教学。真宗大谷派大阪教区願光寺住職。共著に『御遠忌テーマ「今、いのちがあなたを生きている」と現代社会の問題』（真宗大谷派大阪教区教化センター）など。

法語

なごりおしくおもえども、娑婆《しゃば》の縁《えん》つきて、
ちからなくしておわるときに、
かの土《ど》へはまいるべきなり。
いそぎまいりたきこころなきものを、
ことにあわれみたまうなり。
これにつけてこそ、いよいよ大悲大願は
たのもしく、往生は決定《けつじょう》と存じそうらえ。

出典／『歎異抄』第9章（『真宗聖典』630頁）

7

「らしさ」を疑う

「らしさ」の苦しみから救われ、「じぶん」の人生を生きる。

佐賀枝　夏文（大谷大学名誉教授）

時代や社会の価値観に縛られて

「じぶん」や「らしさ」について悩み、迷いながら時間を過ごした青春時代。その真っ只中に学校がありました。中高等学校では制服が決められていて、いまよりも集団行動することが当然と考えられていた時代でした。制服姿の「じぶん」は、まるで「みんなといっしょ」という包《つつみ》と囲《かこ》いのなかにいるようで、「あんしん」と「窮屈《きゅうくつ》」が同居した、ちぐはぐな感覚が付きまとっていました。なかでも、運動会や遠足などの集団活動は、「みんなといっしょ」を押し付けられていたように思います。いつも、仲間から外れてはいけないと考えていました。そして、みんなから遅れてはいけないと考えていました。その後の社会への第一歩は、「みんな」から遅れないようにと懸命に追いかけて走り続けました。集団から弾け飛ばされないように、また、置いていかれないように必死で、とにかく、「みんな」といっしょであることに懸命でした。「みんな」と違うことが「許されない」。それがあの頃の感覚です。

いつからか、わたしは、「みんな」に追いつけない「じぶん」にコンプレックスを感じ、仲間はずれを恐れるようになっていました。それでも、服は流行に乗り遅れないように必死で、流行《はやり》ことばも覚えました。しかし、そんな風に「みんなといっしょ」になってみても、そこにあるのは「あんしん」や「これでいい」という感覚とは縁遠いもので、むしろ、いつも「みんな」から目が離せず、「みんな」はどのように「じぶん」を見ているだろうかと一生懸命になり、疲れ果てていました。それはきっと、みんなと同じ「らしさ」だったり、じぶん「らしさ」に縛られていたからだとおもいます。「みんな」との違和感を抱えつつ、いつのまにか、「違い」や「仲間はずれ」を見つける習性が身についていました。時代や社会の価値観に「じぶん」を合わせようとしていたようです。社会から押し付けられる「らしさ」で、ますます「生きづらく」なっていました。

「碍《さまた》げ」があって「今」の「じぶん」がある

そんなわたしが、気が付けば心理カウンセラーの職に就き、心理判定をはじめていました。「今」自戒と反省を込めておもうのは、心理判定とは「標準」をもとにして「差異《さい》」を見つけるようなことですから、とんでもないことをしていたとおもいます。そんなわたしは、人生の途中で「障害」に出会った方々と出会うことになります。でも、「じぶん」を含めて、時代や社会が押し付ける「らしさ」という価値観のなかで混迷が深まるばかりでした。

ずいぶん時間が過ぎて、「ともしび」となり道を開いたのは、仏教の「み教《おし》え」でした。

その糸口となったのは、ある障害をかかえられた方の体験談です。そこで聞かせていただいたのは、人生で出会った「障害」は、出会った当事者には、無かったことにはできないというお話でした。それは、その方にとって「障害」に出会わなかった人生は無かったということです、そして、出会って今の「じぶん」があるということを語ってもらいました。そこに語られたのは、どのような人生の「碍《さまた》げ」でも、その「碍げ」があって「今」の「じぶん」がある。この言葉は、ココロに残りました。

その方の話を聞いて感じたのですが、その方には「障害」が、その時点で「碍げ」では無くなり、今の「じぶん」に欠かすことができないものとなり、碍げが無い「無碍《むげ》」へと転換していたということでした。

このことは「み教え」として、『仏説阿弥陀経《ぶっせつあみだきょう》』のなかにも説かれています。

「池中蓮華《ちちゅうれんげ》、大如車輪《だいにょしゃりん》。青色青光《しょうしきしょうこう》、黄色黄光《おうしきおうこう》、赤色赤光《しゃくしきしゃっこう》、白色白光《びゃくしきびゃっこう》。微妙香潔《みみょうこうけつ》」。

ここでは、人間が苦しみから救い取られる世界を、蓮《はす》の華の咲く様として語られています。蓮は泥田のなかに華を咲かせます。泥田は、人間社会のさまざまな苦渋に満ちた出来事を指しています。「碍げ」に満ちた時代や社会の出来事のなかから「転換」して、大輪の蓮の華が咲く様は、救い取られた晴れやかな世界を見せてくれます。「池中蓮華、大如車輪」と、大きな車輪のような蓮の華が咲く様は、「青色青光、黄色黄光、赤色赤光、白色白光」と、青き色には青き光、黄なる色には黄なる光、赤き色には赤き光、白き色には白き光、と説かれています。その姿こそ「微妙香潔」であり、そのことが素晴らしい、と繋がります。

ひとは、お仕着《しき》せの「らしさ」を身に纏い、「みんな」と同じになることに腐心《ふしん》し、安住しようとしています。しかし、その泥田から救い取られた蓮の華は、それぞれの光を放ち、その姿が実に尊い。そこには、借り物ではない「じぶん」の人生を生きること、また、なにも隠したりする必要のない、それぞれが誰と比較されることなく、「じぶん」の人生の色と光を放ち「ともしび」となることが説かれています。

さがえ なつふみ
1948年富山県生まれ。大谷大学大学院修士課程修了。以後、児童福祉施設や身体障害者の更生援護施設などで児童指導員、心理判定員などに就く。大谷大学名誉教授。元高倉幼稚園園長。臨床心理士。真宗大谷派富山教区榮明寺衆徒。絵本に『ぼくはいまここにいる』、著書に『日めくりカレンダー いのち輝く言葉―大切なあなたへ―』『すべてが君の足あとだから』『わかってたまるか！ ウチらの言い分』（以上、東本願寺出版）、『ココロのトリセツ』（春風舎）、『二度目の真宗入門』（法藏館）など。

法語

池《ち》中《ちゅ》蓮《れん》華《げ》、大《だい》如《にょ》車《しゃ》輪《りん》。
青《しょう》色《しき》青《しょう》光《こう》、黄《おう》色《しき》黄《おう》光《こう》、
赤《しゃく》色《しき》赤《しゃっ》光《こう》、白《びゃく》色《しき》白《びゃっ》光《こう》。
微《み》妙《みょう》香《こう》潔《けつ》。

出典／『仏説阿弥陀経』（『真宗聖典』１２６頁）

8

「働く」ということ

働くことの根底にあるもの。

曽我円成（真宗大谷派僧侶）

なぜ「働く」のか

私は現在、京都の大谷中学高等学校で教員として働いています。「働く」とはどういうことか。あらためて問うてみても、それは仕事をすることであり、私の毎日でもあり、生きるということかな、と漠然と思えるぐらいです。あまりに日常的で、自分自身に近すぎてピンときません。

正直な話、毎朝、働く意欲に満ち溢れて意気揚々と家を後にしているわけではありません。しかし、働くことをやめるわけにはいきません。自分自身が生きていかなければいけないし、少なくとも子どもを養っていく義務はあります。そのために毎日働いているというのが実情です。そうかと言って、仕事が義務的で強制的なものということでもありません。そういう側面はあるにせよ、それはあくまでも働くことの一面に過ぎません。少なからず仕事をすることによって、金銭だけでなく、喜びややりがいといったものも得ています。仕事が嫌いかと問われれば、それほど嫌いなわけでもないのです。

逆に、働くことを取り去った生活を想像してみると、とても困ったことになるでしょう。もはや生活と呼べるのだろうかという疑問さえわきます。休日は平日があるからこそ成り立つのであり、毎日が休日だけなら、それはもはや休日とは呼べませんし、休口ばかりが続くことに耐えられそうもありません。

では、それはいったいなぜなのか。どうして休日の連続が耐え難いのか。どうして働くことをやめるわけにはいかないのでしょうか。

何かを纏《まと》って安心を得る

仏教では釈尊以来、社会的な仕事を放棄し、自己を見つめ真理を覚《さと》っていこうとする生活スタイルを大切にしてきました。原型は釈尊その人の生き方、「出家《しゅっけ》」というあり方です。「出世間《しゅっせけん》」とも言います。「出世間」とは、自分の纏っているものを一枚一枚はぎ取り、できる限りそのものの自分と向き合っていこうとするあり方ではないかと考えます。違う言い方をすれば、自分が纏っているものによって、自分そのものが非常に見えにくくなったり、そのままの自分を見ることに集中できないのです。だからそれらを脱ぎ捨てるのです。それに対して「在家《ざいけ》」、つまり世間を生きる我々の場合は、自分自身にさまざまなものをくっつけていくことを生活と呼んでいるように思えます。知恵や財産や経験、家族や友人、社会的地位や名声。それらを自分に纏わせ自分自身を大きくしていく、ミノムシ型とでも言えましょうか。その手段として「働く」ということがあるのでしょう。

ミノムシ型の我々は、何かを自分に纏わせることで、安心感を得ます。纏えば纏うほど安心感は大きくなります。逆に纏ったものをはぎ取ることは、不安をもたらします。肩書や実績があると安心できます。それがなくなると急に自信がなくなります。とりあえず今日やるべきことがあると安心しますが、何もないとドキドキしてきます。職場やその同僚たちがいると安心します。家族がいると安心します。それがなくなると寂しくなってしまいます。いるべき場所がなくなります。食べるものがあるとホッとします。でもそれがないと生命が脅かされます。

そんなふうに考えてみると我々は、無為や孤独や死の恐怖を意識してか否かは別として、潜在的にそれらを抱え、回避するために働いているのかもしれません。そうだとしても、それらを回避することはできないでしょう。とりあえず、解決を先延ばしにし、無為と孤独と死に対する恐怖への目隠しの役目をはたしているのが「働く」ということかもしれません。生活するとは、日常に埋没し自己を見失うことなのでしょうか。

パンが悩みの種なのか

「独り宗教の学校は、パンのために悩されざる底の修養を得せしめんために建設す」。浩々洞《こうこうどう》門人、安藤州一氏が綴った学祖清沢満之《きよざわまんし》先生の言葉です。真宗大学（現在の大谷大学）設立の趣意が端的に表明されています。ここにある「パンのための悩み」とは、我々の持つ無為や孤独や死への不安ではないかと私は考えます。「パン」そのものが悩みの種ではなく、パンにこだわらざるを得ない我々の在り方が苦悩を引き起こします。だからこそ、根源的な不安から我々を解放していく「底」を獲得していくことが人間にとって大切なのだと聞こえてきます。そして、それを実現するのが仏法であると。

働くことが問題なのではなく、働くことの根底にあるもの、それをはっきりさせる必要があります。そこを見定めないで働いていても、きっと満ち足りた生活は実現できないのではないでしょうか。たとえ満腹感は得られたとしても。

そが　えんじょう

1970年滋賀県生まれ。大谷大学大学院博士後期課程満期退学。大谷大学特別研修員を経て、現在、大谷中学高等学校（京都市）国語科宗教科教諭。真宗大谷派京都教区實得寺住職。

法語

独り宗教の学校は、
パンのために悩されざる
底の修養を得せしめんために建設す。

出典／『清沢満之全集』第9巻（岩波書店、401頁）

9 「食」を考える

生きる上での「食」を、自分の中にどう据えるのか。

鷹見 美智子（学校法人マーヤ学園「アソカ幼稚園」教頭）

「食べる」ということ

私は長い間、「いただきます」を、単に「食事の挨拶のことば」として使っていました。ところが、大谷保育協会が取り組んでいる真宗保育[*1]と出あい、その学びの中で「食べることは殺すこと」と聞きました。それ以来、私の中では、「食べることの重さ」「食べた責任」が気にかかるようになったのです。

ところで、「食べる」ということを考えると、私には2つの事が思い起こされます。

1955(昭和30)年頃、私が生まれ育った横浜の本牧《ほんもく》地域は、漁師町でした。毎朝、漁師さんが天秤棒をかついで採れたての魚貝類を売りに来ると家の台所は急に慌ただしくなります。まな板の上には、内臓を出されても、凛《りん》と輝く目の魚。蒸気のあがるお鍋は、シャコやワタリガニが必死でもがいて、カタカタという音を響かせます。何事もないように事をこなす母。その場を通りすぎながら「可哀想に」と、つぶやく父。私もその気持ちは同じなのに、なぜか父の言葉に苛《いら》立《だ》ちを感じていました。しかし、そんな思いも束の間のことで、「おいしい」と言いながら、ぎっしりつまった白いカニ肉を満足気に食べていたのです。こんな体験をしているのに、いのちをいただく意識になっていなかったのは、魚たちを、ただ憐《あわ》れと思っていただけ、だからなのだと思います。

また、お皿に残ったお醤油も大切で捨てられない時代が終わり、食生活が豊かになると、我が家の食卓でも、食べものについてあれこれ言うようになりました。そんなある時、いつもは物静かな父が「食べるものに、美味しいとか、まずいとか言うな」と怒ったのです。

明治生まれの父は、どの時代も、食べることの厳しさの中をとおってきています。戦中、戦後という時代も何とか切り抜け、やっと7人の家族が平穏に暮せるようになった途端、食べるものを評価する生意気な子ども達に腹が立ったのでしょう。父はそれ以上、何も言いませんでしたが、たわいないおしゃべりに水をさされた思いで、みんな口を閉ざしてしまいました。

今、改めて考えてみると、食べるものがない時代の「食べる」は、生きるため、いのちを保つためのものでした。しかし、飽食の時代と共にその原点を忘れて、「食」は「嗜好《しこう》を満たすこと」という感覚になってきたのだと思います。

食と健康

敗戦後、長い時を経て、特に医学の発展は目ざましく、「長生きしたい、させたい」という私達の希《ねが》いは、延命医療によって叶えられるようになりました。しかし、そこから「生きること」が問われ始め、その結果、健康寿命（健康で生きている時間）をどう作るかが課題となってきました。この流れの中で、子どもの頃から、食と体作りを学ばせる取り組みとして、「食育」が提唱されて久しくなります。

ところで私達は、他のいのちを殺し、それを頂戴して（食べて）体を作る、と同時に、自然環境、人や物との関係（縁）を頂戴して（とり込んで）心を作る存在です。そこから考えると、人間としての健康作りをどう考えたら良いのでしょうか。

体の健康には、栄養バランスのとれた食事と、適度な運動が効果的だといわれます。それには、偏食をせず、運動も面倒がらずに地道にとり組むことが大切と言えます。また同様に、心の健康を考えてみると、目の前にあらわれるさまざまな出来事を「縁」として受け止め、好き嫌いをせずに地道に向き合っていくことが大事なのではないでしょうか。

そこからすると、「良薬は口に苦し」ということわざは、心の健康についても通用するようです。私達の日常生活の中には、苦々しく思う人や出来事がたくさんあります。しかし、ほとんどの場合、その人や事柄を非難して終わりにしますから、頂戴したことにはなりません。「嫌いだったピーマンを、ちょっぴり食べられるようになった」と嬉しそうに話す子どもの姿を見ると、苦《にが》いご縁を、ちょっとずつ、かじってみる価値を教えられる思いがします。

それでは、嫌なことを受け入れていくと、どうなるのか。親鸞聖人は晩年のお手紙で、「自然《じねん》というは、もとよりしからしむということばなり。弥陀仏《みだぶつ》の御《おん》ちかいの、もとより行者《ぎょうじゃ》のはからいにあらずして、南無阿弥陀仏とたのませたまいて、むかえんとはからわせたまいたるによりて、行者のよからんともあしからんともおもわぬを、自然とはもうすぞときて候う」と書いておられます。ご縁から展かれる、いのちの世界（浄土）のことは、私達の想像や理解を遥かに超えているというのですから、どうなるかと心配せず、総てを〝いただいていく世界〟なんだと、どっしりと腰を据えたいと思うことです。

＊1 真宗保育…親鸞聖人の教え・真宗の教えに基づいた保育。

つるみ　みちこ

1941年神奈川県生まれ。学校法人マーヤ学園「アソカ幼稚園」(神奈川県横浜市)教頭。学校法人三宝学園「和光幼稚園」副園長。真宗大谷派東京教区西教寺前坊守。著書に『Q&Aから考える保育と子育て』(東本願寺出版)など。

法語

自然《じねん》というは、もとよりしからしむということばなり。（中略）
行者《ぎょうじゃ》のよからんとも
あしからんともおもわぬを、
自然とはもうすぞときて候う。

出典／『末燈鈔』（『真宗聖典』602頁）

10

「ふれる」身体を介したコミュニケーション

身のまわりにあることを丁寧に見つめる。

采睪　晃（大谷大学教授）

迷いのメカニズム

「人間」という言葉は、私たち一人ひとり個別単体の存在を指すものではありませんでした。もとは、インドの「マヌスヤ」という言葉を漢訳したもので、「人の住むところ」「世間」といった意味でした。それが、いつの間にか、「人」を意味するようになりました。更には、「〈人〉は、他の人やモノとの〈間〉の繋《つな》がりで〈人間〉

となる」などといった物言いがされるようにまでなりました。このような拡大解釈がどこまで妥当なのかについては慎重にならなくてはなりません。しかし、こういった表現が多くの人の共感を得てきたことも事実です。

かくまでも、私たちは他の人やモノとの関係を結ぶことを重視せざるを得ません。このような「関係を結ぶ」ことを、日本語では「ふれる（ふる）」と表現してきました。この言葉に対して、「振」「偏」「降」「経」などといった漢字が宛《あ》てられました。いずれも、ほんのちょっとだけ当たることやわずかな刺激で大きな影響が生じることを表します。

では、私たちはどのように他との関係を結ぶのでしょうか。関係を結んで繋がるためには、それを対象として認識しなくてはなりません。仏教ではそのメカニズムをかなり詳細に検討してきました。

仏教では、心とそれがはたらく場所を「十二処《じゅうにしょ》」と整理します。十二処は六根《ろっこん》と六境《ろっきょう》からなります。私たちが世界を認識するチャンネルに相当するのが、眼《げん》・耳《に》・鼻《び》・舌《ぜつ》・身《しん》・意《い》の六根です。六根それぞれが対象とするのが、色《しき》・声《しょう》・香《こう》・味《み》・触《そく》・法《ほう》の六境です。「境」とは、ここでは「対象」といった意味です。この中で「触」とは、身根によって感じられる堅さや温度、重さなどを指します。

私たちは、六根を通じて六境を確かめます。しかしながら、煩悩があるために、ありのままに受け取ることが難しくなっています。実際のところ、多くの場合に、六境は煩悩を刺激して私たちを迷わせるものとして働きます。また、無明から老死の苦が生じるありさまを説いた十《じゅう》二《に》支《し》縁《えん》起《ぎ》の一つにも「触」が挙げられています。これは六処（六根）に感受対象が接触することがきっかけとなって私たちの迷いが生じる過程を指すとされています。

両極端を離れる

では、あらゆる感覚を遮断してしまえば良いのでしょうか。そもそもそんなことは不可能でしょう。また、私たちは、他者と自己とを相対化することを通じて自己認識を保っています。他の人やモノにふれることなくしては、自分自身というものを保つことはできません。

もちろん、自己などというものは、因縁によって生じたものに過ぎず、固定的なものではありません。しかしながら、日常生活を送っていくためには、ある程度以上に自分自身を固定的に捉えないわけにはいきません。

新型コロナウイルス感染症とそれをめぐる状況は、他の人やモノには自分を害するウイルスが付着している可能性があるものとして対処することを求めます。それは、一面においては正しいのでしょう。しかし、それがすべてというわけではないのも真実です。

中国と日本の仏教界に絶大な影響を与えた智顗《ちぎ》という人物が著した『修習止観《しゅうしゅうしかん》坐禅《ざぜん》法要（天台小止観）』では、禅定《ぜんじょう》を修する（仏教の実践をおこなう）に際して身体のあり方を調《ととの》えるべきことを強調します。そして、「身を調える」とはどういうことかを詳細に述べた後に、次のようにまとめています。

要を挙げて之《これ》を言わば、寛《かん》ならず急《きゅう》ならざる、是れ身の調《ととの》える相なり。

何ごとにつけ、私たちはいかにあるべきかを固定的に考えがちです。一種の理想型に固執し、そこから少しでも外れることを糾弾《きゅうだん》しようとします。これが「急」です。もちろん、現実は完璧に理想型に一致させることはできません。どうせ完璧にはできないからと投げやりになったり開き直ったりすることもまた往々にして私たちが取ってしまいがちな態度です。これが「寛」です。

私たちは、世界と関係を結ぶにあたって、寛や急にばかり注目しがちです。他との関係を「絆《きずな》」だと捉えたり、「軛《くびき》」と捉えたりして、その両極端を行ったり来たりします。

仏教が一貫して「中道《ちゅうどう》」（両極端を離れること）を説くのは、ともすれば両極端に「ふれる」私たちの危険性を言い当てているのでしょう。

両極端を離れるためには、自分が六境をどのように受け取っているのか、あるいは受け取れていないかを、丁寧に見つめていくことから始めるしかありません。

わけみ　あきら

1969年生まれ。大谷大学教授。博士（文学）。専門は仏教学（中国仏教）。真宗大谷派京都教区長光寺住職。論文に「初期中国仏教における大乗思想の受容―鳩摩羅什を中心として―」「『首楞厳経』の漢訳とその受容」など。

法語

要を挙げて之《これ》を言わば、寛《かん》ならず急《きゅう》ならざる、是れ身の調《ととの》える相なり。

出典／智顗《ちぎ》『修習止観坐禅法要《しゅうしゅうしかんざぜんほうよう》』（『大正新脩大蔵経』第46巻 465頁 下段）

11

「引きこもり」を考える

誰もが引きこもりになる可能性を持っている。

本多雅人（真宗大谷派僧侶）

凡夫の自覚

２０１９年、川崎殺傷事件の容疑者が引きこもり傾向にあると報道され、その直後に、元農水次官が引きこもりの息子が罪を犯すかもしれないと、息子を殺害してしまう事件が起こりました。この一連の事件の影響もあり、引きこもりは犯罪予備軍であるというレッテルが貼られ、世間では引きこもりはこわいという風潮が広がっているように思います。

事件そのものは残虐であると言わねばなりませんが、問題なのは、引きこもりだから犯罪予備軍であるという根拠はなく、引きこもりでない人が犯罪に走ってしまう場合のほうがはるかに多いという事実が伝わっていないことです。

さらに問題なのは、引きこもりは自分とは関係がなく、引きこもりを敵視するような非寛容的なあり方が社会に蔓延《まんえん》していることです。ですから、一人ひとりが自分自身のあり方を見つめ直すということが何よりも大切なことです。卒直に言えば、私たちは、本当に自分は引きこもりにはならないと断言できるでしょうか。そのことが問われるべきことです。

私たちは豊かになれば幸せになれると錯覚して生活してきました。経済発展が何よりも優先され、それにより経済のシステム化・マニュアル化が強固になり、私たちはそのなかで生きざるを得なくなってしまいました。多くの現代人は、巨大なシステムに依存し、そのなかで成果、生産性を生み出すことしか価値が見出せなくなっているのではないでしょうか。換言すれば、他人が自分をどう評価しているかが最大の関心事になってしまっていると言えるのかもしれません。それを失えば、自分がなくなるという不安をいだきながら生きていても、労働はシステムに提供するにすぎなく、代わりならいくらでもいるという状況のなかで、仕事そのものが、自分が生きることと離反してしまっている場合が多いのではないでしょうか。ですから、「なぜ生きるのか」「自分とは何か」ということがまったくわからなくなってしまっています。つまり、現代人の多くは、自分が存在している根拠（真のよりどころ）を持ち得ないので、根本的に孤独とむなしさを抱えて生きざるを得ないのです。「私は私である」という自己肯定感が欠如し、「どうせ私なんか」と自分に自信が持てない人も多いかもしれません。それが自分に向けられている方向から、他者や社会に向けられた時に憎悪感がはたらくのです。このような社会に生きる私たちは、年齢を問わず、だれもが引きこもりになる可能性を持っているのです。

　人間は自分の姿になかなか気づきません。自分以上に自分を知っている如来《にょらい》の鏡が必要です。鏡に照らされると、縁あれば、引きこもりもするし、犯罪すらしかねない愚かな凡夫《ぼんぶ》だと知らされます。親鸞聖人は「凡夫というは、無明煩悩《むみょうぼんのう》われらがみにみちみちて、欲もおおく、いかり、はらだち、そねみ、ねたむこころおおく、ひまなくして臨終の一念にいたるまでとどまらず、きえず、たえず」（『一念多念文意』）とおっしゃっています。凡夫の自覚が、非寛容性を転じて、共に愚かな凡夫として生きていく地平が開かれてくるのではないでしょうか。それは自分のあり方に悲しみと傷みが与えられる生き方に転じられていくということです。

苦悩を縁として、お育てをいただく

　誰もが引きこもりになる可能性があることを自覚して話を進めていきたいと思い

ます。

社会では引きこもりは非生産的であり、甘えであるとされていますが、引きこもるまでのプロセスは一人ひとりちがいますから、そう簡単に断定できるものでもありません。如来の眼《まなこ》から見れば、引きこもりはひとつの大切な縁だと教えられます。

そして、仏教は苦悩を通して、そこからどう生きるかを問います。引きこもることは非社会性があると自分を責めるのではなく、引きこもった事実に立って、自分自身を見つめ直す大切な機縁としていただくのです。

なぜなら人間はただ単に苦悩しているのではないからです。苦悩するということは、同時に心の奥底に「これでいいのだろうか」といういのちのさけび（本願《ほんがん》）が生き生きと胎動しているのです。その本願が、南無阿弥陀仏《なむあみだぶつ》と言葉になったよびかけが聞こえてくるかどうかです。引きこもりがあったからこそ、ありのままの自分に出遇《であ》うことができたという喜びを持つことができる世界があるのです。

人生は思い通りになりません。思い通りにならなくても、そのことを縁として、教えを通して自分自身がお育てをいただき、自分の人生に深い頷きをもって生きることができる道があるのです。その要となるのが「凡夫の自覚」です。愚かな凡夫と自覚せしめられた時、苦悩の現実に真向かいになって生きる本願の意欲があたえられるのでしょう。

ほんだ　まさと

1960年東京都生まれ。中央大学文学部史学科卒業。同朋会館教導。元親鸞仏教センター嘱託研究員。元高校教員。真宗大谷派東京教区蓮光寺住職。

法語

「凡夫《ぼんぶ》」は、すなわち、われらなり。

出典／『一念多念文意』（『真宗聖典』544頁）

12

「非行」と向き合う

「存在を認める」とは。

冨岡量秀（大谷大学教授）

「自尊感情」の課題

いわゆる「非行」の背後に、子どもの「自尊感情」の問題が指摘されることがあります。一般的には「自己肯定感＝自尊感情」という捉え方かと思います。そして、日本の子どもたちは他国の子どもたちに比べ「自尊感情」が低いというデータもあります。この背景には、日本の生活の中に根づいた「謙虚な姿勢」や「自分を下にして相手を立てる」ことを美徳とする文化的背景があるとも指摘されたりします。しかし、この姿勢に潜《ひそ》む問題を、仏教では「卑下慢《ひげまん》」として教えられています。これは相手を尊重するようでいて、実は「自分に対する自己評価」を高めている（自己満足）という問題です。このような文化的背景だけではなく、子どもたちの自尊感情の育ちには、根深く深刻な「慢」という課題があるのは確かです。

今、教育の現場で、確かに「自尊感情が低い」と感じることもありますが、同時に「根拠のない自信」を持っているとも感じます。それは対社会との関わりで表出しているようであり、逆に身近な友人関係は、非常にデリケートなものとなっています。

基本的に「自尊感情」は、Self-esteem の日本語訳であり、自己に対して肯定的な評価を抱いている状態を指します。つまり「自分に対する自己評価」が中心です。例えば自尊感情が低いとは、「自分に自信が持てず、人間関係に不安を感じるなどの状況が見られたりする」というものです。例えば、これは一つの視点ですが、身近で気兼ねのない親密な関係であるはずの友人関係は、一人ひとりがその関係性に不安を内に抱えながら形成しているのかもしれません。

また一般の英語の辞書で「Self-esteem」を引くと、自尊心、プライド、うぬぼれ等の意味も出てきます。国立教育政策研究所のリーフレットでは、「自尊感情」を高めるために、周囲の大人が子どもを褒める機会を単に増やしても、好ましい結果に結びつくとは言えないことが指摘されています。そして、「大人が褒めることで自信を付けさせることができたとしても、実力以上に過大評価してしまったり、周りの子供からの評価を得られずに元に戻ってしまったり、自他の評価ギャップにストレスを感じるようになったり」することが指摘されています。この「実力以上の過大評価」が、「根拠のない自信」へとつながっているのでしょう。これは子ども自身を、苦しめることに追い込んでいくのです。

「自己有用感」への仏教の視点

国立教育政策研究所は、「自尊感情」よりも「自己有用感」の育成を目指す方が適当であるとしています。「自己有用感」は、他者の役に立った、他者に喜んでもらえた等、他者の存在なしには生まれてこない点で、「自尊感情・自己肯定感」の語とは異なります。そして自分と他者（集団や社会）との関係を自他共に肯定的に受け入れられることで生まれる、自己に対する肯定的な評価であるとされます。

仏教の視点からいえば、「自尊感情」も大切ですが、この「自己有用感」を育むことが、どちらかと言えば適当ではないでしょうか。理由は、他者との関係性から育まれるということ、自分勝手に捉えるのではなく、自他共に肯定的に存在を認め、受け入れるという点にあります。ただし「他者の役に立った」等というと、何か個人的な能力などを評価しがちです。しかし、それは違うと仏教は教えていただいていると思います。そこは明確にしなければならないし、その場面場面でお互いに確かめ続けることが願われていると思います。

例えば、「生まれてきてくれて、ほんとうに有難う」という言葉は、真宗にであった私たちの間で、お互いに確かめ合う、とても温かく、と同時に自分の存在に問いかける大切な教えではないでしょうか。これは私たちの日頃の評価の視点を超えた、ほんとうの「自己有用感」を育む基盤ではないかと思います。

否定の論理から育まれる、確かな自己

国立教育政策研究所も指摘するように、褒めるだけでは確かな「自己有用感」は育ちません。そこには「慢」という落とし穴があります。この課題に対して、仏教は否定の論理をもって応えてくれていると思います。浄土真宗の学僧である金子大《かねこだい》榮《えい》先生は「かくして仏教は、人生を否定することを以て、其《その》本領とし来れることは、争ふべからざることである」とされます。これは人間存在の否定に終始するもので

はありません。そうではなくて、「否定」の論理をもって、私たちの生きている世界や関係性の現実を知らせ、そしてほんとうに大切なものへと「転」ずるはたらきをもったものでしょう。それは仏教が教える「教育」のほんとうのはたらきではないでしょうか。最後に法語として挙げている親鸞聖人が聖徳太子を讃《たた》えた和讃《わさん》にも、人の養育には如来の*1往還《おうげん》二種回向《えこう》によるお育てが大切であると示されています。そこに「自尊感情」を育てることを、単に褒めて、表面上、受容しているかのように振る舞う大人の問題を厳しく教えていただいているように思います。何よりも子どもたちは、そのことを見抜き、大人に問いかけているのだと思います。

*1 往還二種回向…「回向」とは、阿弥陀仏からさし向けられる本願のはたらきのこと。回向には二種の相《すがた》があり、浄土へ往く相を「往相」、衆生教化のために浄土から還る相を「還相」という。

とみおか りょうしゅう

1967年東京都生まれ。日本大学大学院理工学研究科博士前期課程修了（工学修士）。聖和大学大学院教育学研究科博士前期課程修了（教育学修士）。大谷大学大学院文学研究科博士（文学）号取得。現在、大谷大学教育学部教育学科教授。共著に『新・保育の考え方と実践』（久美株式会社）、『実例から学ぶ　子ども福祉学』（保育出版社）など。

法語

聖徳皇《しょうとくおう》のおあわれみに
護持養育たえずして
如来《にょらい》二種の回向《えこう》に
すすめいれしめおわします

出典／「皇太子聖徳奉讃」（『真宗聖典』５０８頁）

13

「遊び」の大切さ

遊びこそが生きる力になる。

五島 満（公益社団法人大谷保育協会理事長）

喜びと楽しさが原動力

乳幼児の子ども達は、これから成長して、自分自身になっていこうとする人間形成の出発点に立っています。この時が人生の土台と基礎になる大事な時です。これから歩む人生の中にある、無数の出会いや別れ、喜びや困難。それを自分という器に受け止めて、次の歩みにつなぐための原動力の種がこの時期に芽生え、育ちます。

種が育つためには土や水や光が必要です。そして子ども達の育ちの原動力を作る一番の栄養は、楽しさ、うれしさであり、喜びや充実感に裏打ちされた体験や感情です。子ども達にこの歓喜の心をもたらすものこそが「遊び」なのです。

この栄養は「遊び」の中に無数に含まれ、散らばっています。その栄養を見つけ、自ら吸収していくことで「人間の種」が大きく育っていきます。だから、さりげない、子ども達の日常の遊びを決して馬鹿にしてはいけません。

遊びはどんな環境の中からでも始めることができます。また、遊びとは自由です。子どもの「やりたい！」から始まります。その自由さの邪魔をせず、遊びを助長できる環境を作ることが大切です。

遊びの中には、点数評価や数値などで表すことの出来ない「生きる力」を作る栄養が内在しています。それは体作りに始まり、思考、感性の基礎までも培う栄養です。目に見えず、評価や数値などで表せないけれど、遊びから育つ、子ども達の意欲や主体性や思考力などの獲得を、私達大人は見守り、信じていきたいものです。

そしてそのことは、２０１８年から施行された「幼稚園教育要領」「保育所保育指針」「幼保連携型認定こども園教育・保育要領」の改定の中に「非認知的な能力」として見直されています。

また、「生きる力」として、子どもが主体的に対話的な関係性の中から学びとることの意義が、その改定の趣旨に位置付けられています。

幼児教育は、幼児期の特性を踏まえ、環境をとおして行われることが基本となります。従って、生きる力を育てていく遊びが生まれ、それが広がり、深まっていくためには、遊び環境に工夫が必要です。いろいろな広さの空間、自然環境、植物や動物や作物、木や砂や泥や水、その他さまざまな素材や遊具、道具などを組み合わせ、安全であり、循環性があり、遊びの時間が保証されて、その自由さは維持されていくのだと思います。

その中で子ども達は、体の動きを調整して、さまざまな遊びを経験していきます。そこで、言葉を使って友達とコミュニケーションし、心を通わせ、考え、工夫し、時にはぶつかりあい、時には協働します。一緒にいる友達の存在、自分との違いに気付いたり、相手の気持ちを理解しようとすることを学び、折合いをつけたり、ルールの必要性も学びます。そのために自分を抑制する経験もすることでしょう。

遊びながら物事の仕組みや構造、数量への興味も生まれてきます。やりとげれば嬉しいし、次なる展開への興味や創造意欲も沸いてくるでしょう。自然環境の中で、いろいろないのちの存在や不思議さに気付くかもしれません。

そして楽しければまた繰り返す。新たな展開や広がりを発見し、喜んで歓声を上げるのです。没頭し、我を忘れ、遊び戯れる子ども達の姿は、それを支え、それを見ている大人達自身にも、生きる喜びと意欲を想起させます。

子どもは菩薩

最後に法語として挙げている龍樹菩薩《りゅうじゅぼさつ》の文は、仏の悟《さと》りに向かって行を積んでいく菩薩の出発点について表されています。

菩薩はこの出発点に立てたことで、心に大いなる喜びが生まれ、仏の悟りに向かおうとする意欲が大きくなっていくのだと言われています。喜び（歓喜）が菩薩の意欲の原動力ということでしょう。

子どもも同じです。子どもの遊びは、子ども自身の中に喜びを生み出します。そして遊び環境の中で波及し合い、違う遊びを生み、その遊びがまた広がる。つまり、遊びは遊びを助長進展、増長させる力を持っています。その力は、同時に子ども達のいのちの育ちをも増長させていく縁となっていくに違いありません。

それは菩薩が自らの喜びをもって、それを増長しながら仏の種を育てる意欲にしていくのと似ています。

子ども達にとって、遊びが本当に楽しく喜びと楽しさと充足感や達成感を生み出すならば、それが子ども達を道理や真実に導いていく、尊い「菩薩行」と同じであることを、私達大人は忘れてはいけないと思うのです。

「遊ぶは学ぶ」。遊びは奥が深く、子ども達を支え、育ててくれるのです。子ども達の遊びは、人が人になるために欠かすことの出来ない菩薩としての行なのです。遊びは、自分が自分であることの確かさを子ども達に感じさせてくれる、「如《にょ》・真実」からのはたらきかけです。遊びの持つ力を信じて、子ども達の姿を見守りながら、ともに育ちあっていきたいものです。

ごしま　みつる

1961年東京都生まれ。法政大学文学部哲学科卒業。大谷大学文学部真宗学科卒業。学校法人慈光学園銀の鈴幼稚園園長。公益社団法人大谷保育協会理事長。真宗大谷派東京教区浄行寺住職。

法語

菩薩《ぼさつ》この地《じ》を得れば、
心常に歓喜《かんぎ》多し。
自然《じねん》に諸仏如来の種《しゅ》を
増長《ぞうじょう》することを得《う》。

出典／龍樹菩薩『十住毘婆沙論』入初地品、『教行信証』行巻（『真宗聖典』162頁）

14

「子どもたち」の居場所

阿弥陀さまは「来たれ」と呼びかけ続ける。

近藤　章（真宗大谷派僧侶）

小さい人たちの問い

今から5、60年前の子どもたちは、路地で、空き地で駆け回っていた。高度成長の波に飲み込まれて、小さい人たちは行き場を奪われた。山は削られ家が建ち、工場がつくられ、人々のつながりが薄れていった。里山のように、いのちを育む自然の力を知る場を失った。小川は護岸がコンクリートで固められ、メダカもフナもトンボも住めなくなり、子どもらの姿も見えなくなった。山も川も大地も、経済活動の材料としてのみ存在しているがごとき扱いになっていった。そして遊び場を奪われた子どもらは、大地から切り離され室内に追いやられていった。そこには勉強机と、テレビとゲームが用意されていた。

子どもらが通う施設もまた、「安全」という2文字に縛られて、生きる力を育む活動がやりづらくなった。幼児教育から学校教育まで、経済活動をスムーズにする方向、学力をつけることが第一義になってしまった。

小学5年生の少女の、「人間」と題された詩を読んでみよう。

みじめなものだ
うまれる
大きくなったら　勉強する

学校を出て働く
けっこんする
働いているうちに年をとる
病気などで死んでいく
みじめなものだ
考えるといやになる
心の底からつめたくなる
なぜ　こんなに
人間は生きているのだろうか
父は　少し前に死んだ

少女は、学校で学ぶことだけでは満足できそうにない問いの前で、空を見上げているようだ。このような少女の問いに、耳を傾け涙する余裕すらなくしている大人たち。問いを真正面から受け取ることができないので、色々と説明してはぐらかす。実は小さい人たちの問いの中に、私たち一人ひとりにとって最も大切な「問い」があることに気づけずにいるのであろう。

親も子も共に居場所を求めている

子どもたちの居場所がないということが問題になって久しいが、私たち大人もまた居場所のないまま、問うこともなく生きてきた。

子どもたちの姿は、大人社会を投影する鏡である。人は居場所を求めてさ迷っている。そのようなありようを「流転《るてん》」とか「空過《くうか》」という言葉で表しているのである。生きる意味を求めて、求めることができずに、空しく過ぎる。「求めて求められぬ」のだが、諦めるわけにはいかない。だから、求め続けるのである。しかし「求める」

ことすら忘れて、空過しているのが現代の問題なのであろう。親も子も共々に居場所がない。本当に安んじて生きる場を求めているのだ。

＊1安田理深《やすだりじん》先生はそのことを「国を求めて流転しているのだ。国ということが魂の安んずるところでしょう。つまり、そのファーターラント（祖国・故国・本国）でしょう」と言われた。居場所を求めていることそのものが尊い心なのだ、と。その心こそ宝である。求める心をどこまでも大切にして歩むことが願われているのであろう。小さい人が居場所を求める心、その声に耳を傾けることができれば素敵だと思う。

奈良・法隆寺の玉虫厨子《たまむしのずし》に描かれた「雪山童子《せっせんどうじ》」の物語がある。お釈迦さまが前生において修行していた時の話として、『涅槃経《ねはんぎょう》』に説かれている。雪山童子が道を求めている事を知った帝釈天《たいしゃくてん》が、羅刹《らせつ》に身を変え童子を試した。羅刹は岩陰で「諸行無常《しょぎょうむじょう》　是生滅法《ぜしょうめっぽう》（諸行は無常なり　是れ生滅の法なり）」と偈文《げもん》の前半だけを詠った。それを聞いた童子は、偈の後半を教えてほしいと羅刹に頼んだが、空腹で応える力が出ないと言う。ならば私のこの身を食として与えるから教えてほしいと懇願した。羅刹は〝ならば〟と応じ、「生滅滅已《しょうめつめつい》　寂滅為楽《じゃくめついらく》（生滅滅し已《おわ》りて寂滅を楽と為す）」と答えた。童子は大変喜び、岩の上から身を投げ与えた。童子が大地に落ちる前に、羅刹は帝釈天に変わり抱きとめた。

童子の問い、小さい人の問いはいつも命がけである。小さい人の苦悩は、私たちが忘れた問いを思い起こさせる。

小さい人の問いを我が問いとして生きる。小さい人はよく「何で？　何で？」と問う。これらの問いに私たちは答えきれない。問い詰められる事を楽しむというか喜ぶことができたら、どんなにか豊かな日々になることであろうか。

1973年に勤められた宗祖《しゅうそ》親鸞聖人御誕生八百年・立教開宗七百五十年慶讃法要のテーマは「生まれた意義と生きる喜びを見つけよう」だった。現代社会は生まれた意義が分からなくなった。私たちはそのような問いを問うことさえ許さないスピードで何かに追い立てられている。そんな私に阿弥陀さまは「帰れ」と呼びかけ、「往け」と促し、「来たれ」と呼びかけ続けておられる。「温もりの場はここぞ」と。

＊1 安田理深…1900～1982。真宗大谷派の学僧。

こんどう　あきら
1953年長崎県佐世保市生まれ。大谷大学卒業。大谷派児童教化連盟元委員長。真宗大谷派九州教区西心寺前住職。

法語

本願力《りき》にあいぬれば
むなしくすぐるひとぞなき
功徳の宝《ほう》海《かい》みちみちて
煩《ぼん》悩《のう》の濁《じょく》水《しい》へだてなし

出典／親鸞『高僧和讃』（『真宗聖典』490頁）

15

「命の選別」を問う

幸せになれなければ生きる意味はないのか。

榊　法存（真宗大谷派僧侶）

人は皆、苦悩に喘ぐもの

「私はだめな人間だ。私なんかいないほうがいいんだ」などと思った経験はないでしょうか。あるいは「あの子、重い障害をもって生まれてきてかわいそう。生まれてこなかったほうがよかったかもしれないね」などという思いが脳裏を駆け巡った体験をしたことはないでしょうか。

ある母子2人きりの家族を私は思い出しています。子どもと言っても30歳を越える娘さんで、障害をもって生まれ、父親が亡くなり母子だけの家族になってしまいました。その母親の言葉、「今はこうして私が面倒みているが、私ももう長くはない。私が死んだら…」と言って言葉を詰まらせます。そこに詰まってしまった言葉は一体何だったんだろう、私には、いろんな思いの言葉が一気に出てきて詰まってしまったんだろうなぁ、と思えてなりませんでした。

私たち人間が、人間として生まれ、生きていくということはどういうことなのでしょうか。大抵の場合、成長して仕事をし、そして死んでいく営みが生きることなのだという暗黙的了解がなされています。その仕事という一語に付随する、いわば豊かさや充実感などの恩恵があることは確かでありますが、しかしそれが、人間はいい、、、仕事をすべきだ、、、という定義づけになった時、その恩恵感は消え失せるでありましょう。そればかりではなく、仕事をしたくてもできない人にとっては重圧的苦痛になってのしかかってくるに違いありません。

親鸞聖人《しょうにん》は、『教行信証《きょうぎょうしんしょう》』信巻《しんのまき》で、善導《ぜんどう》大師が書かれた『観経疏《かんぎょうしょ》』(序分義《じょぶんぎ》)から「[*1]五濁《ごじょく》・[*2]五苦等は、[*3]六道《ろくどう》に通じて受けて、未《いま》だ無き者はあらず」という言葉をひろいあげられて、人間とは苦悩する者であるということを示しておられます。

そうならば、苦悩しながら仕事をしている人も、仕事もできずに苦悩に喘《あえ》いでいる人も、共に苦悩する同じ人間なのです。

特に、仕事もできないような障害のある人と生活を共にしていると、いろんな感情が脳裏を駆け巡ります。時には「この人の為に何とかしてあげたい」という同情の心、時には「なぜこの人の為にしなくちゃならないんだ」という犠牲の情、そして「この人さえいなければ私はもっと別の仕事ができるのに」という排除の思い。

そんな心の葛藤の中で苦悩しながら仕事をしている人がいるのです。その関わりが深ければ深い程、その葛藤の中身がより複雑に絡み合って、遂には、仕事もできずに苦悩している人に「仕事もできずに苦しんでいるなら死んだほうが幸せだ」などと口走ってしまうのでしょう。

総じてもって存知せざるなり

仏教の教えに「虚妄分別《こもうふんべつ》」という言葉がありますが、これは、正しい真理もわからない私たちが、自分の勝手な思い込みによって判断しそれが正しいと思い込んでいる行為を言っているのでしょう。それに対して大乗菩薩道において「根本無分別智《こんぽんむふんべつち》」が説かれます。これは、我々世間のいろんな分別（物事を相対的にして考え、どちらかを選び取り他方を切り捨てる考え方）を寂滅《じゃくめつ》するということから、出世《しゅっせ》間《けん》無分別智《むふんべっち》とも呼ばれています。

『歎異抄』の第2章に、「念仏は、まことに浄土にうまるるたねにてやはんべるらん、また、地獄におつべき業にてやはんべるらん。総じてもって存知せざるなり」と、出てまいります。「総じてもって存知せざる」というこの言葉は、ただ「どっちかわかりません」ということではないと思います。「それは私が判断する範疇《はんちゅう》ではありません」ということではないでしょうか。この言葉はまさに無分別智という菩薩の智慧ではないかと思うのです。

いくら尽くしても病は改善せず、回復しない状況の中で、無分別智というのは、「もうだめだ」と諦めもせず、「いやきっとよくなる」と誤魔化しもせず、「死んだほうが幸せだ」と結論も出さず、ただその場を尽くすということなのでしょう。その場を「地獄は一定《いちじょう》すみか」とする、という新たな決意は、まさに根本無分別智に裏付けされた世[*4]間清浄分別智なのでありましょう。

人は自分自身が苦しむのも辛いが、他人が苦しんでいるのを見るのも辛い。その辛い苦悩の場が自分のすみかになるということは、知らぬ間にいただいていたみなぎる力が働いていた、ということなのでありましょう。

それを親鸞聖人は「本願力《ほんがんりき》にあいぬれば　むなしくすぐるひとぞなき」と讃《たた》えられていらっしゃるのです。

＊1　五濁…末世において増していく社会的、精神的、身体的な五種の汚れ、乱れ、衰えのこと。劫濁《こうじょく》、見濁《けん》、煩悩濁《ぼんのう》、衆生濁《しゅじょう》、命濁《みょう》。

＊2　五苦…人生における五つの苦しみ。生老病死を一苦とし、愛別離苦《あいべつりく》、怨憎会苦《おんぞうえく》、求不得苦《ぐふとくく》、五陰盛苦《ごおんじょうく》の五つ。

＊3　六道…業によって趣く六つの世界。地獄、餓鬼、畜生、修羅、人、天。

＊4　世間清浄分別智…仏教の説く智慧の一つで、根本無分別智の後に獲得される智慧をいう。根本無分別智とは、世間の分別を寂滅して真如を無分別に見る智慧のことで、これを得たのちに、ふたたび世界を分別をもって眺める智慧のことを世間清浄分別智という。

さかき　ほうそん

1951年山形県生まれ。大谷大学大学院文学研究科卒業。真宗大谷派山形教区皆龍寺住職。「皆龍寺サンガスクール」（1984年発足）を主宰し、障害児や不登校児を含め、毎日のように寺に子どもたちが集い、「ともに考え」「ともに生き、ともに育つ」という新しい寺子屋日曜学校を開いている。

法語

よしあしの文字《もんじ》をもしらぬひとはみな
まことのこころなりけるを
善悪《ぜんまく》の字しりがおは
おおそらごとのかたちなり

出典／『正像末和讃』（『真宗聖典』511頁）

16
「絆」を考える

支えられて生きている、そんな私ができること。

一楽 真（大谷大学教授）

「縁起」の事実が見えない私たち

「絆」という言葉はもともと「縛る」という意味合いが強く、決していい意味だけの言葉ではありません。仏典でも「生死の絆」*1とか「五悪趣《ごあくしゅ》の絆」*2といったように、私たちが煩悩《ぼんのう》や迷いにつなぎとめられていることを表す言葉としてしか用いられていません。

ですから今現在、絆という言葉がどんな文脈で使われているかが気になります。災害で孤立して困っている人に「絆」が励ましになることもあるでしょう。しかしそれを押し付けると、人の自由を束縛したり、集団になじめない人を排除することも起こります。

仏教も、つながりや関係を大事にします。すべてのものがつながり、支えあって存在しているという「縁起《えんぎ》」の教えは仏教の基本ですが、大切なのは、そこには人間以外の生き物もすべて含まれるということ。「一切衆生《いっさいしゅじょう》（すべての生きとし生けるもの）と共に」は仏教の大切な視点です。さらに、亡くなった方とのつながりも大事な視点ですね。

一切衆生ということで言えば、たとえば人の体内には細菌がたくさんいて、それによっていのちが支えられています。しかし、私たちはふだん、そのことの有り難さに気づかず、自分の力だけで生きていると思い込んでいる。すべてのものに支えられているという「縁起《えんぎ》」の事実に気がつかないと、人は傲慢になっていきますね。親鸞聖人は、そんな私たちを「邪見憍慢《じゃけんきょうまん》」と厳しい言葉で表わされます。「憍慢」はおごり高ぶること、「邪見」はありのままの事実が正しく見えないことです。

中島岳志さんが書かれた『秋葉原事件』(朝日新聞出版)を読むと、被疑者である青年の周囲にも実は親切な人がいたことがわかります。しかし彼は、誰も友達がいないと思い込んで犯行に走ってしまった。そうやって、事実を正しく見ることができないために、自分からつながりを断ち切ることも起こります。

仏教が説く縁起の教えは、はじめからつながっている世界がある、ということです。自分が支えられていることに気づけば、自ずとお返しをしようという気にもなるでしょう。しかし、「感謝の気持ちが大切」などと押し付けられると、それがまた束縛になる。

「自ずと」ということが大切です。

念仏は「解放されよ」という呼びかけ

親鸞聖人が開かれた真宗の教えは、「念仏して救われる」ことが基本です。でも、念仏とは何でしょう。幸せになるためのおまじないではありません。

念仏とは「仏を念ずる」と書きますが、では、私たちは日ごろ何を念じているでしょうか。「好きな人と一緒にいたい、嫌いな人は遠ざけたい」。「勝負に勝って、みんなを見返してやりたい」。おそらく、そんなことばかりではないでしょうか。

念仏とは、私たちのそうした日ごろの思いとは違う世界と出会うことです。自分の物差しを超えたものに出会わないで、思い込みだけで生きていると、人はいつか行き詰まります。念仏は、そうした自分の思い込みから「解放されよ」という呼びかけの言葉なのです。

そして、念仏の教えに生きるものは、人生の「答え」ではなく、「問い」が与えられるのです。答えに安住するのではなく、私たちに「動き」を起こすのが真宗の教えなのだと思います。

教えに出会うと、自分の生き方が問われます。親鸞聖人は、『教行信証』に「己《おのれ》が能を思量せよ」「己が分《ぶん》を思量せよ」と書いておられます。「自分にできること、できないことは何かを考えよ」ということですが、これはすなわち「生き方を問い直せ」ということでしょう。「己の分を知る」とは、「どうせ自分なんて」と卑下して諦めることではありません。逆に、できることがはっきりすれば、そのことを尽くして生きる道が開けるはずです。

東日本大震災以降、「自分に何かできることはないか」と真剣に考えてボランティアに参加する学生が増えました。そんな学生たちと接していると、人間の根っこにある大切なものを改めて教えられます。ボランティアに行った学生たちは、「自分が何かをしてあげた」とは決して言わない。逆に、貴重な問いをもらって帰ったということを誰もが口にします。すごいな、と思います。

震災から自分の生き方が問われる、と多くの人が思った。原発事故ひとつとっても、人間の技術力を過信して生きてきた自分が問われる。しかしまた復興となると、人間の力で押さえこもうという発想になってしまう。これでは同じことです。どうすれば本当に変わることができるのか、これが大事な点だと思います。(談)

＊1 生死…生まれ変わり死に変わりを繰り返す衆生の迷いの世界。輪廻。
＊2 五悪趣…地獄・餓鬼・畜生・人・天という五つの苦しみの世界。六道から「修羅」を抜いたもの。

いちらく　まこと

1957年石川県生まれ。大谷大学大学院博士後期課程満期退学。大谷大学教授。2022年4月より同大学学長。専攻は真宗学。著書に『釈尊の呼びかけを聞く阿弥陀経入門』『親鸞の教化―和語聖教の世界―』『親鸞聖人に学ぶ―真宗入門』(以上、東本願寺出版)など。

法語

濁世《じょくせ》の道俗、善《よ》く自ら己《おのれ》が能を思量せよとなり。知るべし。

出典／『教行信証』化身土巻（『真宗聖典』331頁）

今の時の道俗、己が分《ぶん》を思量せよ。

出典／『教行信証』化身土巻（同360頁）

17

「悼む」ということ

いのちの根源にあるものが、ゆっくりと浮かび上がる。

狐野秀存（大谷専修学院）

悼む心の奥底にあるもの

「悼む」というテーマから、まず私の頭に浮かんだのは、作家・歌人の松下竜一さんが書かれた『憶ひ続けむ―戦地に果てし子らよ』（筑摩書房）という本でした。これは、平和を願って*1箕面《みのお》忠魂碑《ちゅうこんひ》訴訟の原告になられた古川佳子さんの語りを通して、古川さんの母である小谷和子さんの生涯を浮き彫りにした作品です。

小谷和子さんは、先の戦争で2人の息子さんを亡くされました。戦後しばらくは「軍神の母」として気丈に振る舞っておられたのですが、やがて、このような歌を詠まれます。「是れに増す悲しき事の何かあらむ亡き児二人を返へせ此手《この》に」。息子たちは、たった一枚の召集令状で戦地へ送られ、二度と帰ってこなかった。その非情なできごとに、思わず怒りを叫ばれた歌でしょう。

和子さんは晩年に夫と2人で淡路島に転居され、そこで毎夕、洲本川の川原に降りて、川面に向かって「けいすけぇー、ひろしぃー」と声を限りに戦死した息子たちの名を呼び続ける。そのことを日課にされていたそうです。そうした思いを「忘れむと努めしことの愚かさよ憶ひ続けむ生きの限りを」と歌われました。それが、この本のタイトルになっています。

この方のように、命半ばにして逝かれた2人の息子さんのことを、生涯を通して憶い続ける。これは本当に、及びがたいことだと思います。

ふだん私どもは、「あれは好き」「これは嫌い」、「これがいい」「あれは悪い」といった分別にかかり果てている、そんな心しか持ち合わせていません。そうした私どもの自己中心的な分別心からは、このような深い「悼み」の心は出てきようがありません。それはどこから生まれてくるのか。それはやはり、仏教が「慈悲」という言葉で伝えてきた仏さまの心からおこることなのでしょう。

ふだん私たちが忘れている、いのちのいちばん底にある如来《にょらい》の心。それが親しい人の死を目前にして、悼み悲しむ心となって表面化し、ゆっくりと浮かび上がってくる。このことが、「悼む」という感覚として言われていると思います。

「一如のいたみ」に思いをめぐらす

元大谷専修学院長の信國淳《のぶくにあつし》先生は、こうした心を「一如《いちにょ》のいたみ」という言葉で教えてくださっています。「一如」とは、「自分と他人」とか「善と悪」といった差別や矛盾がない、本来のいのちの在り方です。しかし、私どもはふだん、そのような自己の本来性に背いた生き方をしている。そのために感じる孤独や苦悩が「一如のいたみ」です。その痛みに思いをめぐらし、それが一如というのちの根源的事実から涌き起こってくることを自覚したとき、「もはや自己においてだけ自己を生きようとするのではなく、他人と共に、他人と一つになって、自己を生きようと欲する」ような信心が成り立ち、「かくしてわれわれのうちに新しい主体的な生活がはじまる」と信國先生は述べておられます。

ただ、そういうことは理屈で納得できることではありません。それは実際に、大切な人を亡くして居ても立ってもいられない、何も手につかないという痛切な経験を通して、ゆっくりとその痛みの根源へと心が向かっていくのでしょう。

親鸞聖人の曾孫にあたる本願寺第三代覚如上人《かくにょしょうにん》は、『口伝鈔《くでんしょう》』において、愛しい人と死別して歎き悲しむ人に向かって「そんなことではだめだ」などと諫《いさ》めることは「浄土真宗の機教《ききょう》をしらざるものなり」と戒《いまし》めておられます。そして、「おろかにつたなげにして、なげきかなしまんこと、他力往生《おうじょう》の機《き》に相応《そうおう》たるべし」。つまり、歎き悲しむしかないような愚かで拙《つたな》い凡夫《ぼんぶ》である私どもを救わんがためにこそ、仏さまは本願をたててくださったのですよ、ということを諄々《じゅんじゅん》と説いておられます。

念仏は「忘却」の対極にあるもの

ところで、民俗学の柳田國男《やなぎたくにお》先生の著作を拝見しますと、日本文化は忘却の文化ではないか、ということを思います。たとえば、人が亡くなってある年限を過ぎると、死者の霊は「ご先祖様」という先祖霊に溶け込んでしまう。それから先は、亡くなったその人個人を憶い続けて供養することは先祖霊の平安を乱すよくない行為とされるのです。

それに対して、真宗のいのちである念仏とは、「念」という言葉の示す通り、憶念することと、憶い続けて忘れないことです。つまり、念仏とは日本文化の基軸である「忘却」の対極にあるとも考えられるのです。ですから、「悼む」ということが、日本の忘却の文化に飲みこまれていってしまうのか、あるいは「憶念」という形で光の方へ開かれていくのか、現在はその分岐点にあるのではないか。そんなことも思い合わされるのです。(談)

＊1　箕面忠魂碑訴訟…大阪府箕面市で、忠魂碑の移転と慰霊祭への自治体の関与が憲法の政教分離原則に違反するとして争われた住民訴訟（1976〜1993年）。

この しゅうぞん

1948年石川県生まれ。日本大学中退。大谷専修学院卒。現在、大谷専修学院長。著書に『正信偈に学ぶ―親鸞聖人からの贈り物』『釈尊から親鸞へ―七祖の伝統―』『往生浄土の道』（以上、東本願寺出版）など。

法語

まず凡夫は、ことにおいて、つたなく、
おろかなり。（中略）たとい未来の生処《しょうじょ》を弥陀《みだ》の
報土とおもいさだめ、ともに浄土の再会を
うたがいなしと期《ご》すとも、おくれさきだつ一旦の
かなしみ、まどえる凡夫として、なんぞ
これなからん。（中略）おろかにつたなげにして、
なげきかなしまんこと、他力往生の機《き》に
相応《そうおう》たるべし。

出典／『口伝鈔』（『真宗聖典』670～671頁）

18

「共」に生きる

「共に生きる」ことは、仏教に学ぶ者の根本的な課題である。

尾畑文正（同朋大学名誉教授）

差別への無自覚が差別を生む

仏教の考え方から言えば、人間の存在は個人としてあるのではなく、縁起としての存在です。全てのものは相互に共存しています。文字通り、共生的存在です。そこに立って人間の救いを問題にしてきたのが大乗《だいじょう》の仏教です。親鸞聖人の浄土真宗もまた大乗の仏教として、全ての命の救いを願われた阿弥陀《あみだ》の本願《ほんがん》を根拠にして、相互共存する存在の大地を明らかにしています。

随分前のことになりますが、私にとって自分の考え生き方を大きく問い糾《ただ》された出来事がありました。それは仏教に学びながらも仏教に何一つ学んでいない自分を知らされたことです。言いかえれば、私に「共に生きる」ことを課題にさせた問いです。それは私の中の民族差別と沖縄差別です。どちらも無関心であることの差別です。

ベトナム反戦デモのあと、ひとりの学生が「私の名前はパク・キジャ（仮名）です」と本名宣言をしました。彼女は「あなたたちのような民族差別者とこれ以上平和運動はできません」と私たちを糾弾《きゅうだん》して、その場から去っていきました。彼女は当時、通名（日本名）を使用していたので、私たちは全く彼女の歴史にふれることなく、仲間として平和運動をしていました。おそらくその中で私たちが無自覚のままに差別的言辞《げんじ》を重ねていたのでしょう。あるいは日本と朝鮮半島との負の関係に踏み込むこともしないで平和と平等を語る厚顔無恥《こうがんむち》に憤《いきどお》りを感じたのかもしれません。

もう一つの沖縄差別は、やはり大学生のときに沖縄出身の同級生から受けた問いです。社会福祉を学びにきていた彼女から「あなたは私たち沖縄の人間がパスポートを持ってしか日本に渡れないことの意味が分かっているのか」と糾されました。それは日米安保条約（アンポ）を問題にしながらも、日本から切り捨てられていた沖縄の存在を欠落させたままでアンポを語り、平和運動を進めていたことへの問いかけでした。

この二つのできごとは、私の仏教を学ぶ姿勢を鋭く問うものでした。仏教を学びながら仏教を生きていない。「共生」を課題にしながら「共生」を生きていない。そういう私の根本的な差別的な事実があらわになりました。そういう私の正体を在日韓国人の後輩と、沖縄からの留学生であった同級生に突きつけられたのです。

これらの問題は、実は、個人としての私の問題であるだけでなく、現在における日本の問題でもあります。国民主権、基本的人権の尊重、平和主義を掲げる日本国憲法の危機的状況に繋がります。今もなお民族差別、沖縄差別は解消されないまま、陰湿さを増しています。それが排外主義的なヘイトスピーチの横行であり、沖縄に押し付けられている基地問題です。

さらには2011年3月11日に起きた東日本大震災と東電・福島第一原子力発電所の過酷な事故によって露出されてきた問題です。それはなぜ大都市が需要する電量が、しかも危険を伴う核エネルギーによる電源が地方で作られ、それが大都市に供給されるのかという問題です。これはいわば地方が大都市の踏み台、つまり犠牲にさせられている構造的な差別の現実ではないかということです。

私自身の生き様が問われている

そういう様々な現実から、私たちの共生観念のまやかし、どこかの誰かを犠牲にして成り立つ共生とは何かが問われています。あらためて具体的現実的に私の「差別する自己」「戦争する自己」「全てを他人事とする自己」を直視し、国家の都合に括られない自由と平等を求める命の叫びに聞く生き方が求められています。

それは「相互共存」する「ひとり」に立ち返り、差別し差別されること、殺し殺されることの愚かさと悲しみのただ中に突き出されている共生を求める願いに出遇い続けていくことです。

高校生のときに同級生から一枚のレコード（ソノシート）を渡されました。それは1963年にワシントンDCで25万の大群衆に「私には夢がある」と語りかけたキング牧師の演説でした。その同級生も実は在日韓国人でした。通名で高校生活を送っていた彼の歴史を私は知ることもなく、数十年たったあるとき、高校の同窓会名簿で彼の本名を知ることになったのです。そのとき初めて、高校2年の彼が私にキング牧師のレコードを与えた、切ないほどの悲しみと怒りの心が理解できました。

彼が私にレコードを差し出したのは、アメリカでの人種差別が日本では民族差別として露出しているという現実を「お前に分かってもらいたい」との願いだったのでしょう。彼は私に「共に生きる」ことの課題を手渡してくれたのです。

私が学んでいる浄土真宗は、文字どおり「浄土を真実の宗」とする仏教として、現実的には「共生」を課題とする教えです。それは本来の存在、相互共存する人間に帰れということです。「共に生きる」ことを阻害する民族差別、あるいは沖縄に対する構造的差別、現在と未来に渡って被曝者を生みつづける原発問題を通して、具体的現実的に、今を生きる私の自己中心的な生き様が問われています。

その問いかけこそが仏教です。インドの天親菩薩《てんじんぼさつ》は、「共に生きる」ことを仏教の根本的課題として、その著『浄土論』において、「普《あまね》くもろもろの衆生《しゅじょう》と共に、安楽国に往生《おうじょう》せん」との願いを表しました。それは全ての人の救いを願われた阿弥陀の本願に生きんとするものの根本的課題が「共生」であることを私たちに示すものでしょう。（談）

おばた ぶんしょう

1947年三重県生まれ。同朋大学卒業後、大谷専修学院卒業。大谷大学大学院博士課程満期退学。元同朋大学学長。同朋大学名誉教授。2015年4月から2018年8月まで真宗大谷派南米開教監督。博士（文学）。真宗大谷派三重教区泉稱寺前住職。著書に『仏さまの願い―四十八のメッセージ』『親鸞聖人の手紙から』（以上、東本願寺出版）、『真宗仏教と現代社会』（福村出版）など。

法語

普《あまね》くもろもろの衆生《しゅじょう》と共に、
安楽国に往生《おうじょう》せん。

出典／天親菩薩『浄土論』（『真宗聖典』138頁）

19

「アイヌ」に学ぶ

平等を願うこころ。

名畑　格
（真宗大谷派僧侶）

一人のアイヌの青年の言葉

今から35年程前、京都の行きつけの本屋で一冊の本を手に取り、パラパラとめくるうち、一つの言葉が目に飛び込んできました。違星北斗《いぼしほくと》の『コタン』という本でした。

耳朶《じだ》(耳たぶ)を破って心臓に高鳴る言葉が「アイヌ」である。言語どころか「アイヌ」と書かれた文字にさえハッと驚いて見とがめるであろう。（中略）かかる気づかいを起こさしめた（中略）第一義は何であろう？―アイヌでありたくない―と云うのでない。―シャモ（和人）になりたい―と云うのでもない。然らば何か「平等を求むる心」だ、「平和を願う心」だ。（「アイヌの姿」）

大正時代に生きた一人のアイヌの青年の言葉が、現代に生きる僕のこころに突き刺さりました。差別の言葉にこころが震えながらも、そのこころの奥底にある深い願いを表現していた。しかしその平等を願うこころが誰に向けられたものなのかを思い知るのは、もっと後、北海道に住むようになってからでした。

差別する者が差別することから解放される

本来、人は人を差別できません。同じ者なら差別することはできない。なぜなら同じだから。また違う者も差別できません。なぜなら違うから。ではなぜ人は人を差別するのか。差別できるのか。

　差別するとき、人は人であることを失う。人であることを失う時に人は差別する。仏教が教える「三悪道（地獄《じごく》・餓鬼《がき》・畜生《ちくしょう》）」は「人」であることを失った者の名であります。「六道輪廻《ろくどうりんね》」は地獄・餓鬼・畜生・修羅《しゅら》・人・天と言われる六つの境界《きょうがい》（環境）です。地獄は言葉の通じない世界、餓鬼はむさぼりの世界、畜生は傍生と言われ、何かに従って生きている世界です。その六道の中で唯一「人」だけが仏の教えを聞くことのできる世界と教えられています。

　差別を問題にする視点で、この三悪道を考えてみると、地獄は差別をしながら通じあわない世界を作っている、餓鬼は自分の利益に振り回されて差別に取り憑《つ》かれている世界、畜生は差別的観念を内面化してその奴隷となっている世界と、それぞれこう言えるかと思います。

　だから人は差別することから解放されなくてはならないのでしょう。

なぜ人は差別をするのか

古典的な差別の定義にアルベール・メンミの定義があります。「人種差別とは、現実の、あるいは架空の差異に、一般的、決定的価値づけをすることであり、この価値づけは、告発者（差別者）が自分の攻撃を正当化するために、被害者を犠牲にして、自分の利益のために行うものである」。（（）は筆者補う）

また、三橋修は差別的関係を次のように定義する。「差別的関係とは、一方の集団が他方の集団を意味づけする権利を一方的にもっており、その逆を不可能にする現実的障害に媒介された関係といえるだろう」。

差別は決定的な価値づけを自らの利益のためにする（メンミ）、また意味づけする権利を一方的に持っており、逆がない（三橋）。私たちは日常的に他者への意味づけや価値づけをおこなっています。「烙印《らくいん》」を押しつづけています。なぜそういう権利を持っているかについて、全く無頓着のまま、権利から派生する権力を行使《こうし》しています。しかもそういう権力を差別的関係（集団と集団の関係）の中に当たり前のように行使しています。ですから差別は、個人対個人間の、軽蔑《けいべつ》でもなければ、偏見でもありません。一つの差別が集団に属する全ての人を貶《おとし》めることなのでしょう。

差別解放の視点から読むお聖教

解脱《げだつ》の光輪《こうりん》きわもなし　光触《こうそく》かぶるものはみな
有無《うむ》をはなるとのべたまう　平等覚《びょうどうかく》に帰命《きみょう》せよ

「讃阿弥陀仏偈和讃《さんあみだぶつげわさん》」のこの言葉は、真宗門徒には親しみ深いお聖教です。色々な読み方ができると思いますが、ここで、一度「差別することから解放される」という視点で、読んでみたいと思います。

差別は人と人との出会いを拒《こば》んでいる姿です。出会いを拒絶しているのが差別の実態です。和讃の「触」とはふれることでしょう。「光」という仏の教化によって、ふれることを回復せしめる。「光触」は出会いを拒絶している私に仏との出会いを通して、人と人が出会うことそのものを回復せしめる仏の教えだと知らされます。

和讃では、差別によって出会いを拒絶する根本の原因として、「有無」という分別心を課題にします。「有無」とは自分を肯定（有）するために、他者を否定（無）する在り方を言います。差別は自分を肯定するためです。集団と集団との歴史的関係を利用しながら、自分の利益のために差別するのでしょう。その利益を得ようとする自分を、仏教では「自我―自己肯定―」と押さえます。しかし同時に「その自我は本来のあなたではない」と呼び覚ますはたらきを如来《にょらい》の本願《ほんがん》と言い、「平等に目覚めて差別することから解放されよ！」と「平等覚」という仏が私たちの前に名のり出ているのです。

なばた　いたる

1957年兵庫県生まれ。大谷大学真宗学科卒業。大谷専修学院元指導補。『アイヌ問題学習資料集』編纂委員。アイヌ解放特伝講師。真宗大谷派北海道教区名願寺住職。

法語

有無《うむ》をはなるとのべたまう
平等覚《びょうどうかく》に帰命《きみょう》せよ

出典／「讃阿弥陀仏偈和讃」（『真宗聖典』479頁）

20

「逆境」を生きる

逆境こそ、本願のはたらきに目覚めるチャンスである。

延塚知道（大谷大学名誉教授）

自分自身を問うことができない人間

「逆境」とは、病気や災難、失業や貧困といったさまざまな不幸な境遇を指すのでしょう。私たちは普通、人間にとってこうしたことはできるだけないほうがいいと考えます。仏教では、「生老病死《しょうろうびょうし》」の苦を超えることが人間の課題であると教えられていますが、この「生老病死」もまた、人間にとっては「逆境」ですね。仏教はお釈迦さまがお城から出て、この四つの苦と出会ったことから始まるのです。
しかし私たちは、「生老病死」の苦を超えよと言われると、生まれたことが苦しいのならできるだけ楽しいことを追い求めていくしかありません。できるだけ若さを保って病気しないように、健康で長生きするようにと考えます。死んでも命があるように、臓器移植まで考え出したのです。

このように苦の原因を自分の外側の生老病死そのものに見て、それを超えようとする人間の常識を「外道《げどう》」と言います。ところがこの「外道」の考え方では「生老病死」の苦から自由になれないのです。なぜなら臓器移植をしても死ぬからです。

ところが、生きとし生けるものが持つ「生老病死」の事実を、苦と感じるのは人間だけです。ですからお釈迦さまは、苦の原因は人間そのものの中にあると見て、人間を内に超える道を建てられます。それが仏道であり、「外道」に対して「内観《ないかん》道《どう》」と言うのです。仏教が世界の思想の中で際立っている特徴は、この「内観道」

にあるのです。

しかし、この「内観道」ほど難しい道はありません。なぜなら人間は自我を大前提にしてそこからしか物を考えられません。しかも目が外に向いていますから、自分自身を見ることなど不可能です。学校で習う理科や社会科をはじめとする勉強でも、自分のことは抜きにして外側のことだけを学びます。ですから人間は、何か問題が起きたときでも、自分自身の主体の問題はさておいて、外側を変えていこうとします。その結果、どういうことになっているでしょうか。例えば、戦争はだめだということは誰もがわかっているから、戦争を起こさないように一生懸命努力しますが、その努力がまた戦争を生んでしまいます。また、貧しさという逆境を克服するために、産業革命以来、科学主義のもとでさまざまな技術が進歩し、私たちはそのおかげで、確かに豊かで快適で便利な生活を送れるようになりました。しかしその反面、地球規模の環境破壊が進み、人間はおろか地球上の生命すべてが滅亡しかねないような危機を生みだしています。また、科学が生み出した原爆を、戦争のためではなく、平和利用ならいいだろうと、原子力発電所を世界中に四百基以上もつくり、その後始末をどうしようかと苦しんでいるのです。

人間の認識は、すべて自分を前提にしています。そして、自分では自分の顔を見ることができないように、自分だけが分からないのです。人間の自我や欲望が前提になってすべてが考えられ、人間の都合に合わせて外の条件を整えていこうとする。だから、努力すればするほど、天に吐《は》いた唾《つば》が自分にぜんぶ返ってきて、滅亡に向かうかのようです。それほど人間は愚かなのです。どんなに力が強い巨人でも、自分の体だけは持ち上げられないのと同じように、人間の問題は人間には解けない。その人間自体を内に超えようとするのが仏教なのです。

本願のはたらきに目覚めるとき

仏教が「内観道」といわれるのは、外に向かっていく「外道」に対して、内に向かって自分自身を問うていくからです。内に向かって人間を問い、人間の自我を超えたさとりにまで突き抜けて、そこから人間を見ようとしているのが仏教です。

ただし、浄土教以外の仏教は、努力して修行すればさとりが開けるという聖道《しょうどう》門《もん》の仏教でした。それはある意味では、努力して頑張れば逆境を克服できるという私たちの普通の考えと同じです。親鸞聖人もそうした考え方を前提として比叡山で二十年近く修行され、それを断念して山から下りて来られました。それは人間の普通の考え方の限界、つまり「逆境」の真只中に立たされたのです。その時、法然上人の「ただ念仏して、弥陀にたすけられまいらすべし」という教えにあって、それまで自分が努力すればさとりが開けるという考えを前提にしていたことを言い当てられたのです。要するに自力（自我）を前提にして、その延長線上に如来の覚りを想いえがいていた妄想が破られ、本願力に立ち帰ったのです。『歎異抄』の第2章にあります「いずれの行もおよびがたき身なれば、とても地獄は一定《いちじょう》すみかぞかし」というお言葉は、そうした自分のあり方全体に目覚められた言葉なのだと思います。

さらに『歎異抄』の第9章には、「仏かねてしろしめして、煩悩具足《ぼんのうぐそく》の凡夫《ぼんぶ》とおおせられたることなれば、他力の悲願は、かくのごときのわれらがためなりけり」とあります。仏さまはとうの昔から、自分自身を問うことができない煩悩具足の凡夫である私たち人間の愚かさを見抜いて、「仏の智慧に依れ」と本願を立ててくださった。ですから「内観道」とは、人間の努力によるのではなく、本願の教えとして実現されているのです。人間が自分ではわからないことを、仏さまは見抜いて、すでにして教えてくださっていた。何が真実かわからないで、自分自身の欲望に振り回され、自分で自分を縛っている。そういう人間は地獄を生きるしかない。そのことをはっきりと見破っているのが本願の教えなのでしょう。

そして、その本願に目覚めたとき、有限な人間がある意味で有限になりきり、愚かさに徹することで、無量寿《むりょうじゅ》という無限の世界に目を開いていくという大跳躍が起きるのです。しかし、自分を当然の前提にして生きている普段の私たちは、なかなかそのことに目覚めることができない。ですから、最初に申し上げたように、「逆境」にあって自分自身ではどうすることもできない問題にぶちあたったときこそが、仏さまの本願のはたらきに目覚めるチャンスなのです。

いま、親鸞聖人が言われる「末法《まっぽう》」という逆境を機縁に、本願に帰り、人間の愚かさを徹底して生き抜くこと。それ以外に、現在起きているさまざまな問題を超えていく道はないと思います。（談）

のぶつか　ともみち

1948年福岡県生まれ。大谷大学大学院博士課程単位取得。大谷大学名誉教授。著書に『親鸞の主著『教行信証』の世界』『親鸞の説法―『歎異抄』の世界―』（以上、東本願寺出版）など。

法語

仏かねてしろしめして、
煩悩具足《ぼんのうぐそく》の凡夫《ぼんぶ》と
おおせられたることなれば、
他力の悲願は、
かくのごときのわれらがためなりけり

出典／『歎異抄』第9章（『真宗聖典』629頁）

21

「弱さ」を生きる

不《ふ》共《ぐう》業《ごう》な存在として共《ぐう》業《ごう》の世界に出遇《であ》う。

頼尊恒信（真宗大谷派聞稱寺副住職）

いまださとりを得ていないという弱さ

仏教の視点から見た「弱さ」とは何であろうか。そのことを考えるにあたって、対義語の「強さ」ということを、仏教ではどのように考えているのかが、たいへん参考になると考えます。

仏教の視点から「強さ」を考えるとき、多くの言葉の中でも、私は「金《こん》剛《ごう》不《ふ》壊《え》の心」

という言葉が一番に思いつきます。この「金剛不壊の心」とは、ダイヤモンドのようにかたく、決して壊れることのない心のことです。それは、仏や如来《にょらい》という「さとり」の境地《きょうち》を指し示しています。

翻《ひるがえ》って、人間という存在はどうでしょうか。仏様より〝一切衆生《いっさいしゅじょう》〟と呼びかけられている私たち人間は、決して「さとり」を開いた存在ではありません。日々の生活の中で、悩み、苦しみながら生きています。そのような意味においては、仏教的には、「金剛不壊の心」を持たない「弱さ」を抱えた存在であるといえましょう。仏教からみれば、人間という存在そのものが「弱者」なのです。そのような、いまだ「さとり」を得ていないという意味での「弱者」でありながら、人により「強者」、「弱者」と言っている存在が人間なのです。

もう少し、掘り下げて考えてみましょう。このような悩みや苦しみを抱えている人間という存在は、その「弱さ」を自覚することがありません。むしろ、それを隠すために無意識的に、「強者である」というように強がってみたり、「弱者である」と自分を卑下《ひげ》したりします。しかし、この強がることも卑下することも、仏の眼からみると、どちらも自分の本来的な「弱さ」をありのままに見つめることができず、隠そうとする「弱さ」そのものであると教えられています。

不共業な存在として、共に生ききる

自身の「弱さ」に無自覚な私たちが、「ともにいきる」といった場合、どうしても、いわゆる「弱者」と「強者」とが一緒に生きることをイメージしがちです。でも、その関係性は、往々にして抑圧、排除、依存、融和、包摂《ほうせつ》のどれかの形をとっているでしょう。本当の意味での「共生」といわれるような関係性がなかなかもてないのです。それは、互いがいまだ「さとり」を得ていない者であるという意味での「弱者」である自分自身に無自覚な存在であるからではないでしょうか。そのような無自覚な立ち位置には、真の意味での共生は生まれるはずがありません。

仏教においては、共に生きることを「共業」と教えられています。共業とは、文字どおり「業を共にする」という意味で、平たい表現でいうならば、人間は互いに悩みや苦しみを抱えた「弱者」であるという関係性を共にすること、と表現することができましょう。つまり、この「共業」という共生の世界観は、互いに、いまだ「さとり」を得ていない者であるという意味での「弱者」を自覚しないと実現できないのです。そのような意味においては、私たちの日常生活は、「不共業」を生きているといえましょう。

親鸞聖人は、そのような「不共業」を生きている存在として「いずれの行もおよびがたき身なれば、とても地獄は一定《いちじょう》すみかぞかし」とおっしゃっています。この言葉は、不共業を生きている身の自覚といっていいと思います。その不共業を生きている我が身という自覚とは、如来より教えられている「共業」という世界観に聞き、学んでいこうという姿勢に他ならないのです。それは、「いずれの行もおよびがたき身なれば」というように、自らが「さとり」を開き「金剛不壊の心」を得ていこうという思想でもありません。むしろ、互いに悩みや苦しみを抱えた「弱者」であることを自覚し、「とても地獄は一定すみかぞかし」として、共に「共業」という仏様の世界観に聞こうとする、誰の上にも成り立つ仏道を追い求められたのだと思います。

ここで、「弱さを自覚する」といいますが、もちろん、世間では、「社会的弱者」が身をおかざるを得ない筆舌に尽くし難いような現実社会が存在します。そのような現実社会の問題と、このまだ「さとり」を得ていない者であるという意味での「弱者」という、2つの「弱者」の関係はどのようなものでしょうか。それは、「社会的強者」という立場を考えれば明確になります。これまで考えてきましたように、「社会的強者」とは、仏教的意味での「弱者」という自覚がない、「不共業」を生きる存在そのものなのでしょう。そこには、「とても地獄は一定すみかぞかし」といわれるような自覚を欠いた人間の姿が見えます。

仏教的意味での「弱者」の自覚は、仏法を聞くという姿勢をとおして「共業」という真の共生社会に共に目覚め、そのことを旗印として生きていこうという自身の姿勢を必ず生み出します。そのことが、誰の上にも成り立つ真の意味での共生社会の実現へとつながっていくと、私たちは仏様から教えられているのです。

よりたか　つねのぶ

1979年東大阪市生まれ。大谷大学大学院博士後期課程（真宗学）満期退学。熊本学園大学大学院博士後期課程（社会福祉学）修了。博士（社会福祉学）。真宗大谷派大阪教区教化センター現代教学研究班主任研究員。三重大学非常勤講師。滋賀県立大学非常勤講師。立命館大学生存学研究センター客員協力研究員。真宗大谷派大阪教区聞稱寺副住職。著書に『真宗学と障害学―障害と自立をとらえる新たな視座の構築のために』（生活書院）など。

法語

いずれの行もおよびがたき身なれば、とても地獄は一定すみかぞかし。

出典／『歎異抄』第2章（『真宗聖典』627頁）

22 「ひとり」からの出発

「ひとり」の身を自覚し、無上の尊さに出遇う。

吉元信暁（九州大谷短期大学教授）

「教え」の言葉としての「ひとり」

仏教の視点から「ひとり」ということを考える時、まず確認しなければいけないことは、「ひとり」が「教え」の言葉として語られているということです。例えば、『仏説無量寿経《ぶっせつむりょうじゅきょう》』という経典に「独生独死《どくしょうどくし》　独去独来《どっこどくらい》」（独《ひと》り生じ独り死し独り去り独り来《きた》りて）とあり、人間は生まれてくるのも死んでいくのも、そしてその間の生涯もつねに「ひとり」であると教えられます。しかし、この言葉は単に人間の孤独を表現しただけのものではありません。そのことが、お釈迦さまが誕生した時にとなえられた言葉として「天上《てんじょう》天下《てんげ》唯我《ゆいが》独尊《どくそん》」(天上にも天下にもただわれ独り尊し)と伝えられ、あるいは『仏説無量寿経』には「吾当於世《ごとうおせ》、為無上尊《いむじょうそん》」(われまさに世において無上尊となるべし)と説かれ、「独尊」「無上尊」というように、人間は「ひとり」において尊い存在だということが教えられるのです。

このように、経典で「ひとり」ということが、「教え」の言葉として説かれているのは、私たちがそのことに気がつかずに生きているためです。私たちはなかなか「ひとり」という事実に立つことができません。しかし実は、その「ひとり」という、つまり誰にも代わることのできない身を生きているというところにおいて、私たちは尊いのです。それは他人と比べる必要のない尊さです。

「ひとり」という事実に立てず、自分の生きる身を受け入れられない時、私たちは「むなしさ」を感じます。そして、それを感じてはならないもの、避けるべきものという否定的なイメージをもって、何かに熱中することで忘れようとします。しかし、「むなしさ」を感じること、人生に行き詰まることこそが、自分を問い、「ひとり」の身を自覚し、無上の尊さに出遇うための大切な契機なのです。

「一人」の自覚

「ひとり」の身を自覚するということについて、次のようなお話を教えていただいたことを思い出します。

ある会社一筋に生きた人がおられました。子どもが病気になったり、就職など大事な時であっても、いつも妻に「会社が忙しいから、そんな事はお前がやっとけ」と言い続けていました。いよいよ定年を迎える時に、その人はひそかに期待していました。それは退職の日になったら、会社の部下や上司たちが「明日からあんたが来てもらえなくなると会社が動かない、会社が大変です」と言ってもらえると、こういう言葉を期待していたのです。しかし、実際に言われた言葉は「ご苦労様でした」の一言だけでした。

その人は、この言葉を聞いて「わしの一生は一体何だったんだろうか」と「むなしさ」を感じ、ふさぎ込んでしまいました。そんな時、妻から「沈んでばかりいても何も始まらないでしょう」と言われ、旅行に行くことになりました。そして、旅行先の岬でお墓が一つさびしく立つのを見つけました。草がぼうぼう生えていて、誰もお参りに来てくれそうにないような場所に立つお墓です。それを見て、その人は「ああ、自分と同じだ」と思ったそうです。「この人も一生懸命生きてきたに違いないが、誰もいなくなった」「自分と同じように孤独なんだ」と。

そして、そのことを言おうと妻の顔を見た途端、一気に迷いから覚めたというのです。「これだけやったのに、誰もわしのことを認めない」と自分のことばかり言っていた、そんな自分と一緒に連れ添ってくれたこの人の人生は、一体どういう人生であったか。この人の人生を自分は考えたことがあったかと。そして初めて「この人の人生のことを考えよう」という気持ちになり、そのことによって立ち直ることができたそうです。

目が覚めるまで、この人にとって妻の人生と自分の人生とは一緒でした。つまり「私の妻」だと思っていました。それが違う人生だということに気づいた。この人の人生はこの人の人生として、自分の人生とは別にある、その事実に気づいた。言ってみれば、妻の人生から私が問われるという転換が起こりました。そのことによって「ひとり」の身を自覚し、単なる「孤独」から、自分を問うという「一人」の自覚へと転じたのです。そうして初めて人と通じることができたのです。

親鸞聖人は「弥陀《みだ》の五劫思惟《ごこうしゆい》の願《がん》をよくよく案ずれば、ひとえに親鸞《しんらん》一人《いちにん》がためなりけり」と言われました。これは阿弥陀如来の本願が、私「一人」のためである、つまり本願によってこの私「一人」が問題になったということでしょう。そして、この「一人」の自覚によって、共に生きる大地に立たれたのです。私たちは日頃、この大地に立つことなく、他人と自分とを比べ、自らの立場にしがみついて生きています。その愚かさが「教え」の言葉によって気づかされ、しがみついているものから離れて大地に立つ生き方がうながされる。そのことが「ひとり」からの出発であり、「往生《おうじょう》極楽のみち」であると、この私「一人」に教えられるのでしょう。(談)

よしもと　のぶあき
1969年大分県生まれ。大谷大学大学院博士後期課程（哲学専攻）単位取得退学。現在、九州大谷短期大学教授。専攻は哲学・真宗学。論文に「親鸞聖人の和讃」「空過を超える道」（九州大谷研究紀要）、「一人の自覚―曽我量深における信―」（近代親鸞教学研究会）など。

法語

弥陀《みだ》の五劫思惟《ごこうしゆい》の願《がん》を
よくよく案ずれば、
ひとえに親鸞一人《しんらんいちにん》がためなりけり。

出典／『歎異抄』後序（『真宗聖典』640頁）

23

「表現」の愉しみ

願心荘厳は、如来による浄土のデザイン。

海　法龍
（真宗大谷派首都圏教化推進本部・本部員）

深さにふれるということ

高校時代、私は写真部に入っていました。最初はポートレートや風景など、見た目に美しいものを撮っていたのですが、あるときたまたま高校の図書館でユージン・スミスの『水俣《みなまた》』（三一書房）という写真集に出会ったのです。そこには水俣病を生み出した経済・政治・企業・組織・汚染という、ドロドロした人間の姿が写し出され、そしてチッソが垂れ流した水銀の中毒で、苦しみ喘《あえ》ぎながら極貧の中で生活している多くの人たちの痛々しい姿がありました。その中の一枚に、お風呂場で母親が胎児性水俣病の娘を抱きかかえている写真があり、私は愕然《がくぜん》としました。その母親の表情が、とても穏やかな優しさに溢れた笑顔だったからです。こんなにも耐え難い苦しみの中で、どうしてこんなに慈しみに満ちた笑顔になれるのか。当時の私は、その母親から滲み出る「人間の深さ」というべきものに、とても惹きつけられたのです。これが写真の「真実が写る」という本当の表現なんだということを強く感じた原体験でした。

私たちは誰もがより良く生きたいという願いを持っています。しかし、その願いはどうしても自分の思いが中心になっています。親鸞聖人の『正信偈《しょうしんげ》』に「一切善《いっさいぜん》悪凡夫人《まくぼんぶにん》」と教えられている通り、私たちの願いは「善いか、悪いか」という分別心の域を超えることができません。都合のいいことは喜べるけれど、そうでなければ喜べないどころか憎むことさえあるのです。しかし、そういった善悪を超えた世界というものを、私はあの母親の表情に感じたのです。そして不思議なことに、そういう深さにふれると、私たちは何故か胸の内が温かくなるのです。きっとそれが生きる力の源泉なんだと思います。あの母親の悲しみと痛みと慈しみの表情のような、人間の深みより意識を超えて生まれてくる表現に私たちがふれるとき、善悪の価値観に埋もれ忘れていた私たちの本当の願いというものが、呼び覚まされてくるのではないでしょうか。

さまざまな縁の中で、さまざまな価値観に翻弄《ほんろう》されながら生きている私たちは、今ここに誰かとして、誰にも代わることのできない唯一無二のいのちを生きているという重く深い事実があるのです。そのことを安田理深《りじん》先生は「存在の意味」という言葉でおっしゃっています。それをお釈迦さまのお言葉に帰せば、天上天下唯我《てんじょうてんげゆいが》独尊《どくそん》ということになります。それが原始の人間の姿、人間の本来の姿なのです。しかし私たちはその現実に背《そむ》きながら生きています。そして、実はそのことを誰よりも自分自身が痛んでいるのです。本来の自己を忘れてしまっていることを、本来の自己存在が悲しんでいる。だからこそ、そのことに気づかせるために、仏教はその願いにおいて言語表現され続けてきました。

このように願いが形となって表現されることを願心荘厳《がんしんしょうごん》と言います。私の内側から、本来の私に帰れと私たちに呼びかけている世界なのです。

浄土《じょうど》荘厳は如来《にょらい》のデザイン

この願心荘厳は、如来による浄土のデザインだと言えるのではないでしょうか。デザインというのは設計、意匠《いしょう》という意味で、つまり形作るということです。それは町や国だけではありません。私たち一人ひとりの生活にいたるまで、そのデザインを決めているのは私たちの願いなのです。何のために、誰のために、何を願うのか。その人間の願いが形となるのです。そういう意味では、人間の生活というものは、すべて自己の願いが表現されたデザインであると言えるかもしれません。

しかし、そのとき、どこに立ってデザインしているのかということがとても重要な問題なのです。先ほど申しましたように、どこまでも善悪の価値観にとらわれている私たちは、たとえそれが無意識であっても、自己を中心とした損得感情の上に立ってしまっています。だからどうしても誰かが傷ついていくような、誰かを排除してしまうような設計になってしまうのです。先ほどの水俣病や原発などは、まさにその象徴でしょう。だから私たちの世界は見た目にどんなに美しくデザインされても、気づかないところで「五《ご》濁《じょく》悪《あく》時《じ》悪《あく》世《せ》界《かい》」（『浄土和讃《わさん》』）にしてしまっているのです。

「願は欲である」と安田先生はおっしゃいました。そして私たちの欲は汚れている欲なのです。この汚れていることを知るには、綺麗《きれい》な世界にふれる他はありません。例えば、生まれたときから汚い家に住んでいれば、その汚さは当たり前になってしまいます。その住人にとっては、「汚い」という言葉の意味さえわからないでしょう。しかしながら、たった一度でも綺麗な家に訪問し感動することがあれば、必然的に自らの家がいかに汚いものであったかということが自覚されるのです。このように綺麗なものにふれなければ、汚さというものは私たちにとって永遠にわからないのです。

浄土を荘厳された、如来の欲を清浄《しょうじょう》意欲と言います。それは私たちに浄土という清浄な世界を見せることを通して、自らの存在を自覚させるための、如来による無上方便《むじょうほうべん》としてのデザインなのです。言い換えればそれは、私の意識よりもはるかに深いところから呼び起こされる、存在それ自身からの願の自己表現と言ってもよいでしょう。南無阿弥陀仏とは究極の自己表現なのだと思います。（談）

かい　ほうりゅう

1957年熊本県生まれ。大谷大学卒業。大谷専修学院卒業。現在、真宗大谷派首都圏教化推進本部・本部員として、親鸞講座の開催や広報誌「サンガ」の発行など、親鸞聖人の教えを基にした首都圏での教化・広報企画に取り組む。真宗大谷派東京教区長願寺住職。著書に『真《ほん》実《とう》のよりどころ——真宗における本尊——』『報恩の生活』(以上、東本願寺出版)、『誰のために葬儀を勤めるのか』『苦悩の海をゆく』(以上、東本願寺真宗会館)など。

法語

我《われ》当《まさ》に修行して仏国を摂取《せっしゅ》し、
清浄《しょうじょう》に無量の妙土《みょうど》を荘厳《しょうごん》すべし

出典／『仏説無量寿経』（『真宗聖典』13頁）

24

「アート」を楽しむ

この世界の美しさと、私たちの存在の深みとを呼び覚ます。

名和達宣（真宗大谷派教学研究所所員）

アートと仏教の関係は？

日本では明治期より、アート（art）という語に「芸術」という訳が当てられてきました。そのとらえ方は、時代とともに変動し、また人によっても異なるでしょうが、いずれにせよ根本にあるのは「美」という概念です。そして、さまざまなアート作品は、作者の追求した美の成果、あるいは直観された美の表現と言えるでしょう。そのためアートは「美術」とも訳されます。

それでは仏教との関係はどうでしょうか。近年は「仏像ブーム」とでも言うべき波が起こり、美術館や博物館でも頻繁に、運慶展・快慶展などさまざまな仏像の企画展が催されています。これは、もともとお寺などでの礼拝《らいはい》の対象として作られていたはずのものが、現代においてはあたかもアート作品のように扱われているということでしょう。ショーケースに陳列された仏像を観覧していると、本来の目的から外れてしまっているようにも思え、違和感や疑問を抱くことがあります。しかしその一方で、時に、手を合わせずにはおれない感情が呼び起こされたり、端正な姿に圧倒されて「美しい」と感嘆させられたりすることもあります。

ところで、運慶や快慶などの仏師が活躍したのは、貴族中心の平安時代から武士が力をもち始めた鎌倉時代への転換期で、平家による大寺院の焼き討ちや天災などがあいつぐ動乱の時代でした。そして、そのような時代の渦中で苦悶《くもん》した人々が、世の平和や来世の往生を祈願し、仏師たちに依頼して多くの仏像が作られていったのです。時を越えて現代に、それらの仏像から何ほどかの美が感じられるのは、精巧な技術や視覚的な要因だけではなく、根底に流れる祈りや願いがにじみ出ているからにちがいありません。

浄土真宗の宗祖《しゅうそ》・親鸞聖人が生きたのも、ほぼ同時代の仏像製作が隆盛していくさなかでした。しかし、親鸞聖人においては、後に第8代の蓮如上人が「木像よりはえぞう、絵像よりは名号《みょうごう》」（『蓮如上人御一代記聞書』、『真宗聖典』868頁）と言い表したように、形体をもった木像・絵像よりも名号、つまり「南無阿弥陀仏」という言葉が大切にされました。そのため真宗では、他の浄土教の流れに見られるような、浄土の世界を描いた図（浄土図）や阿弥陀仏の来迎図《らいごうず》は基本的には伝わっておらず、現代にアートとして扱われるものはほとんどないようにも思われます。しかし私は、ある体験がきっかけで、真宗の教えにもアートと通底するものが確かに流れていると感じるようになりました。

世界は美しい

代表的なアートのモチーフに、海があげられます。古来、洋の東西を問わず、多くの人々が、海を眺め、そこに美なるもの、永遠なるものを感じ、かつアートとして表現してきました。画家であれば、その感動を絵に描くでしょう。また詩人であれば、言葉（詩）に表すでしょう。

たとえば、フランスの詩人・ランボーは次のように詠います。

もう一度探し出したぞ。
何を？　永遠を。
それは、太陽と番《つが》った
海だ。

（『ランボー詩集』新潮社（新潮文庫）、112頁）

このような「美」との邂逅《かいこう》にもとづく表現をアートと言うならば、親鸞聖人もまた、アーティストと呼ぶべき人物です。現に、その著作には、海あるいは光の譬喩《ひゆ》があふれています。ところが、私自身は長らくそのような表現を、ただの文字面としてのみとらえ、「美なるもの」を感じることはありませんでした。

転機となったのは、今から10年ほど前、長崎県の大村湾沿いを車で走っている時でした。その頃、私は人生設計をめぐって家族と言い争いを繰り返し、この世界と自身の境遇をうらんでさえいました。要は、自分の思い通りに生きたいと躍起になっていたのです。しかし、ふと窓の外を眺め、雲のすき間から海に差し込む光のカーテンを見た時に、思わず「ああ、何て美しいんだろう」と感じました。それは、目の前の景色に対する感想にはとどまらず、自らの生きる世界が美しいという気づきでした。同時に「自分は何て傲慢で浅はかな思いに囚われていたんだろう」とも。

そして、続けて窓を開けて風を浴びた瞬間に、次の言葉が想い起こされました。

大悲の願船に乗じて光明《こうみょう》の広海に浮《う》かびぬれば、至徳の風静かに衆禍《しゅか》の波転ず。

（『教行信証』行巻、『真宗聖典』192頁）

これは、親鸞聖人の主著『教行信証』のなかの一節です。ここで「衆禍の波」を転じると言われる「至徳の風」とは、南無阿弥陀仏の名号を表しますが、私はこの時に初めて、その風を身に受けていることに気づかされたのでした。そして、それ以来、『教行信証』を読むたびに、あの時の光のカーテンの風景が呼び起こされます。

私たちがアート作品や仏教の言葉を「美しい」と感じるのは、出来あがった形体や表現に対してと言うよりも、その根本にある「美なるもの」に共振するからではないでしょうか。その意味においては、アートも仏教も、ともにこの世界の美しさと、私たちの存在の深みとを呼び覚ますものと言えるでしょう。どちらも、人間としてこの世を生きるということに深く根ざしているのです。

なわ　たつのり

1980年兵庫県姫路市生まれ。大阪大学文学部（倫理学）卒業。大谷大学大学院修士課程（真宗学）修了。親鸞仏教センター研究員等を経て、現在、真宗大谷派教学研究所所員。真宗大谷派山陽教区明泉寺衆徒。共編著に『近代の仏教思想と日本主義』（法藏館）、主な論文に「親鸞教学と京都学派の交流する場所―曽我量深を基点として」（『宗教哲学研究』）など。

法語

大悲の願船に乗じて
光《こう》明《みょう》の広海に浮《う》かびぬれば、
至徳の風静かに衆《しゅ》禍《か》の波転ず。

出典／『教行信証』行巻（『真宗聖典』192頁）

25

「話芸」に親しむ

論理とパトス（情念）の両面で、仏法は伝わるのです。

戸次公正（真宗大谷派僧侶）

「らくだ」から聞こえる「無常」の説法

「らくだ」という落語があります。この咄《はなし》、「らくだが死んだ！」から始まる。――突然、人が死んだことが導入になる話は他にありません。

しかも、死んだのは、どうしようもない男。図体がでかくて乱暴者で「らくだ」と呼ばれ、嫌われている厄介者。

偶々《たまたま》、訪ねてきて発見したのが兄弟分の、こいつも強面《こわもて》の熊五郎。せめて夜伽《よとぎ》でもしてやろうと、表を通りがかった屑屋《くずや》を巻き込みます。家主に言うて酒と肴《さかな》を調達させようとしますが、家主は「あんな家賃も払《はろ》うた事もない奴の世話はせん！」と。それなら、と二人して死人を運び込んで、「かんかんのう」を踊らせてやるぞ」と恫喝し、実際に家主の玄関先でやらかします。すると家主もさすがに言うことをききました。

棺桶の手配もできて、熊五郎が屑屋に酒をすすめる。最初は渋っていましたが、冷酒を三盃以上もあおると、次第に自分の身の上話を語りだします。

そして、じつは屑屋は難儀な「酒乱」だった、という正体を現し、立場が逆転します。この後、らくだの遺体を湯かんして火屋（焼き場）まで運び出す、というのですが……。と、まあこれだけの話なんですが、この落語には、人生の哀しみや怒り、苦しみや口惜しさ、そして生きることの愉楽《ゆらく》がいっぱい詰まっているのです。

熊五郎が、家主に、死人の「かんかんのう」を見せてやる！と言って、屑屋の背中に、らくだの死体を背負わせる場面があります。

屑「あー、そら何をしまんねん」と叫ぶと、熊「黙って背負うて行け」屑「あー、冷たい顔がひっついて怖いー」と悲鳴をあげると、熊「死んだ者が何が怖い。生きてる人間のほうが、よっぽど怖いわ。大丈夫や」。

(『桂米朝コレクション6』筑摩書房)

まるで「無常」の説法のようではありませんか。

立川談志の「らくだ」では、生前のらくだの淋しそうな姿が、しみじみと語られています（立川志らく『雨ン中の、らくだ』新潮社）。

声明と説教は伝統芸能の源

仏となった釈尊《しゃくそん》は、「対機説法《たいきせっぽう》」をされました。知恵優れた者には、仏法の真理を論理で説き、拙《つたな》い凡愚《ぼんぐ》には「喩《たと》え」や物語（『ジャータカ』（本生譚《ほんじょうたん》））でやさしく語りかけました。

仏典（お経など）の「偈文《げもん》」（讃歌）や「称名《しょうみょう》」（仏の名を讃嘆《さんだん》する）は、「声明《しょうみょう》」という仏教音楽として口伝《くでん》されてきました。中国では、「唱導《しょうどう》」という説教が盛んになりました。浄土七祖の一人・善導《ぜんどう》は、『仏説観無量寿経』の注釈書に、「二河白道《にがびゃくどう》」という巧みな譬喩《ひゆ》を著し、絵掛軸にして自ら「絵解き」もしました。これらが日本に伝わり、法然・親鸞の時代に花開きます。

親鸞の兄弟子の安居院聖覚《あぐいせいかく》は、唱道師の一門で、説教の達人でした。その著『唯《ゆい》信鈔《しんしょう》』には、こんなくだりがあります。

「…三悪道《さんまくどう》なき世界をば、これを願いてすなわちとる。…このゆえに、二百一十億の諸仏《しょぶつ》の浄土の中よりすぐれたることを選びとりて、極楽世界を建立《こんりゅう》したまえり。たとえば、柳の枝に、桜の花を咲かせ、二見《ふたみ》の浦《うら》に、清見《きよみ》が関《せき》を並べたらんがごとし」（『真宗聖典』917〜918頁、一部かなを漢字に変更）。

このような見事な「喩え」が随所に出てきます。

親鸞は、門弟たちにこの書を薦め自ら注釈して『唯信鈔文意《もんい》』を著しています。やがて、近世には説教が大衆芸能にも影響を及ぼします。浄土宗の安楽庵策伝は、『醒睡笑《せいすいしょう》』という小咄集を書いたので落語の祖と呼ばれます。

真宗の中からは、「節談《ふしだん》説教」が生まれます。節談説教とは、言葉に節《ふし》（抑揚《よくよう》）をつけて詩的・劇的に語りかける布教方法で、「讃題《さんだい》・法説《ほうせつ》・比喩《ひゆ》・因縁《いんねん》・結勧《けっかん》」という五段法で構成して法話を展開します。昔の説教師は、「はじめシンミリ、なかオカシク、おわりトオトク」と語りました。これは、大きな物語を体系づけることで、生と死を超える大きな物語を共有することが、人間の生きる力になり、喜びになるということを伝承する伝統的な伝達方法です。

かつて、金子大榮が「論理とパトス（情念）の両面で、仏法は伝わるのです。知性や論理（ロゴス）に訴えるだけでなしにパトスに訴えることも大切です」と言われました。

古典芸能の「能《のう》」の所作には、仏教の儀式作法の影響がみられます。また、「狂《きょう》言《げん》」の語り口を聴いていると、まるで、蓮如《れんにょ》の『御文《おふみ》』にそっくりであることにも感心させられます。

落語は、説教の形態を色濃く残しているとても特別な芸能です。話者は、座布団一枚の上に正装で正座し、たった一人で語ります。持ち物は扇子（カゼ）と、手ぬぐい（マンダラ）で、あらゆる場面を創出します。これは、その元に説教があるからです。落語の題材にも、仏教の説話や伝承が数多く選ばれています。

仏教と話芸の関係を尋ねてきましたが、最後に法話をする際にとても参考になる言葉を紹介しておきます。作家の井上ひさしが座右の銘とし、タレントの永六輔が著作のタイトルにもした言葉です。
「むずかしいことを、やさしく、やさしいことを深く、深いことを面白く」。

べっき　こうしょう
1948年大阪府泉大津生まれ。大谷大学大学院修士課程修了。真宗大谷派大阪教区南溟寺住職。著書に『正信偈のこころ 限りなきいのちの詩』『阿弥陀経が聞こえてくる―いのちの原風景』（以上、法藏館）、『日本語で読むお経をつくった僧侶の物語―木津無庵とその時代』（明石書店）、『意味不明でありがたいのか―お経は日本語で』（祥伝社新書）、『親鸞の詩が聞こえる―エッセンス・正信偈―』（東本願寺出版）など。

法語

今生《こんじょう》ゆめのうちのちぎりをしるべとして、来世《らいせ》さとりのまえの縁《えん》をむすばんとなり。

出典／聖覚『唯信鈔』（『真宗聖典』929頁）

26

「漫画・アニメ」の力

表現し、再現する。私たちのいのちを実感するいとなみ。

東　真行（真宗大谷派僧侶）

そこにあるよろこびとは

仏教にも深い伝統があるように、ひとくちに漫画・アニメといっても、田河水泡《たがわすいほう》からアラン・ムーア作品、ヤン・シュヴァンクマイエルからCGアニメまでの広大な裾野があります。しかし、仏教が苦しみから目覚めへという根本を有するように、これらの領域にも何らかの底があり、その力が多くの人々によろこびを与えてきたのではないでしょうか。ここでは、その一端《いったん》を親鸞仏教の視点から探りたいと思います。

映画監督の細田《ほそだ》守《まもる》がラジオ番組（『ライムスター宇多丸《うたまる》のウィークエンド・シャッフル』）で、このように語っていたことを思い出します。

「アニメってね、ぼくが思うにね、アニメを観ててこれはおもしろいなって思う瞬間って何かって言うとね、このひと生きてるよ！っていうね、そういう瞬間がその作品のなかに、アニメなのに見つかる瞬間があるんですよ。アニメって絵じゃないですか。もう最初から最後まで絵だってこと。存在しないものなんですよ。存在しないものなのに、観てるとね、すごくいい作品のなかのある一部分にね、ああ、このひとはぜったい、アニメで描いてあるけれど生きているにちがいないと思うっていうのがあるんですね。（中略）むしろ日常にあったりとか、要は日常で普通に過ごしたら取るに足らない些細な出来事を、むしろアニメーションで現実に近いぐらいの表現力でがっと来るとすごくそれに感動できるっていうか。日常の細かなことがものすごい感動をもって実感できるっていうことがね、あるんですよね」（2008年4月19日）。

これは細田に限ったことではなく、映画評論家の町山智浩《まちやまともひろ》も同番組のなかで「アニメの魅力って、なんでもない日常の、すごく日常的なことをアニメで再現するのを観たときってものすごく気持ちがよくなる」（2009年9月5日）と語っています。ほんとうに大切なことは表現され、しっかりと再現されることによってこそ感じられ、または伝わるのです。

「まったく。パリってつぶやけばパリになるのって話だよ。そうじゃなくて、主人公が歩いてくる。そこは石畳の街、読者はその主人公の足元から感じられるしんしんとしたその寒ささえも味わう。それが伝わってくる！　そういう本物の物語が読みたいんだよ」（竹宮惠子『少年の名はジルベール』小学館（小学館文庫）、90頁）。

諸行無常の私たちであっても

岩明均《いわあきひとし》『寄生獣《きせいじゅう》』（講談社、新装版第10巻、最終話）に、こんな問答があります。「道で出会って知り合いになった生き物が　ふと見ると死んでいた　そんな時　なんで悲しくなるんだろう」「そりゃ人間がそれだけヒマな動物だからさ　だがな　それこそが人間の最大の取り柄《え》なんだ　心に余裕《ヒマ》がある生物　なんとすばらしい!!」。

実際の生きものならまだしも、創作物にあらわれる登場人物たちは、実世界には存在しません。しかし、私たちは物語を通して、その実在をつよく感じることがあります。私たちの心の余剰《よじょう》が、たとえ目先の忙しさのなかで掻《か》き消えそうになっているとしても。そうさせるのです。

過ぎ去る日常を生きる私たちにとって、あわただしさのなかで日々のきめ細やかさを味わい、他者と深く共感することは稀《まれ》かもしれません。しかし、私たちの日々を、他者の存在を表現によってなぞり、再現によって再確認する。それによって初めて私たちは、日々の重さを知り、存在そのもののかがやきを見出《みいだ》すのではないでしょうか。

文学であれば文脈が、マンガであればコマ割りが、アニメであれば動きが、私たちに日々のいぶきを、存在のかけがえのなさを回復させます。創作者の胸中《きょうちゅう》にあらわれたいのちが表現によって再現されるとき、そのいのちを実感することになるのはむしろ、日常のなかでいのちを見失っている私たちのほうなのです。細田が語っているのは、まさにそのことです。表現による再現から、私たちにすでに射し込む限りなきいのちを実感することになるのです。

親鸞は、南無阿弥陀仏と称《とな》える仏教に生きました。その教えは、あらゆる人々が覚《さと》りを獲《え》るまで仏《ぶつ》にならないという誓いのもとに、法蔵菩薩《ほうぞうぼさつ》が阿弥陀仏と成るという物語を骨子《こっし》とします。法蔵はその誓いのために五劫《ごこう》のあいだ思惟《しゆい》し、さらに兆載《ちょうさい》永劫《ようごう》の修行に入ります。あらゆる人々にはたらきかけ、各々の身において南無阿弥陀仏となり、顕現《けんげん》するのです。浄土真宗の学僧である金子大榮《かねこだいえい》は、このことを「如《にょ》来《らい》自《みず》から衆生《しゅじょう》と一體《いったい》となりて、帰命《きみょう》の一念を創作し、以《もっ》て吾等《われら》を救済せらるるなり」（「創作の宗教」『精神界』第13巻 第3号）とあらわしています。金子が真宗を「表現の宗教」とまでよぶ所以《ゆえん》です。

法蔵菩薩が阿弥陀仏と成ってから、すでに十劫《じっこう》を経ていると釈尊《しゃくそん》は語ります。私たちが仏を「憶念《おくねん》」して南無阿弥陀仏と表現するところに、法蔵菩薩の物語として説かれた「真実一心《しんじついっしん》」のいのちが再現されていくと、私は受けとめています。竹宮恵子がいうように（竹宮前掲書、256頁）、出会ってしまった以上、私たちがどんなに忘れようとしても「覚えているから再現したい」物語が、私たちにはあるのです。

あずま しんぎょう

1986年福岡県生まれ。青山学院大学文学部フランス文学科卒業。大谷大学大学院文学研究科博士後期課程（真宗学専攻）修了。真宗大谷派九州教区常行寺候補衆徒。主な論文に「親鸞の求道における基底としての起点」（『親鸞教学』第110号）、「旧ソ連領被抑留者における「収容所の親鸞」」（『現代と親鸞』第42号）など。

法語

憶念《おくねん》すなわちこれ真実《しんじつ》一心《いっしん》なり。

出典／『教行信証』信巻（『真宗聖典』２４１頁）

27

「妖怪」がおもしろい！

妖怪はおもしろいのか？

蒲池勢至（元同朋大学特任教授）

異類の世界に住んでいる「妖怪」

2020年には劇場版も公開され大ヒットした『鬼滅《きめつ》の刃《やいば》』。しかし、年輩の者にとっては、正直、ついていけません。なんとか「ゲゲゲの鬼太郎」の世界まではは分かります。妖怪はおもしろいのか、仏教から見た妖怪とはなにか、少し考えてみましょう。

そもそも「妖怪」とは何でしょうか。妖・妖怪変化・お化け・化生《けしょう》・妖異・怪異・怪物・鬼・百鬼・魑魅魍魎《ちみもうりょう》・魔・魔物・憑《つ》き物・物《もの》の怪《け》など、さまざまに表現されてきました。天狗《てんぐ》や河童《かっぱ》・化けた狸《たぬき》・幽霊《ゆうれい》まで妖怪です。柳田國男《やなぎたくにお》は『妖怪談義』のなかでお化け（妖怪）と幽霊を区別しています。幽霊は人間に近く、妖怪は人間に遠いものとされ、妖怪の本性は動物であったり植物・器物（器具や道具）であったりしました。いずれにしても妖怪は異様な姿と不思議な力をもった超自然的な存在です。人間は理解できない現象に対して不安や恐怖を抱きますが、想像力を働かせて見えない世界を創造してきました。妖怪は人間とは違う異類で異界に住んでいます。

ゲゲゲの鬼太郎は「ゆうれい族最後の少年」です。人間の姿をしていますが、左目がなく前髪を垂らして隠しています。霊力のあるリモコン下駄《げた》や髪の毛針・霊毛ちゃんちゃんこなどを武器として悪者をやっつけます。目玉おやじは妖怪についての物知りですし、ねずみ男は半分人間で半分妖怪のような性格、空を飛ぶ一反木綿や巨大な壁の「ぬりかべ（塗り壁）」なども登場します。そして「異界」は、人間が生活する世界の向こう側にあり、時間と空間を異にする外側の世界ですが、近くにある異類の世界です。リアリティとして感じる人には見えて現れ、ない人には見えません。異界は過去でもあり現在でもあり、また未来でもあるのです。

民衆に伝承されてきた妖怪は素朴で、怖くもありますがどこか愛嬌のある存在でした。鬼太郎のファミリーやポケットモンスター（ポケモン）などが「かわいい」のも、その系譜を引いているのでしょう。一方、グロテスクに描かれた妖怪もありました。中世の『酒呑童子《しゅてんどうじ》絵巻』の鬼や『百鬼夜行《ひゃっきやぎょう》絵巻』の奇怪な妖怪、大蛇、近世怪談物などの幽霊などです。民俗学者の宮田登は都市に生活するようになった人間が、精神的に痛めつけられ不安感が増大すると、妖怪像がデフォルメされて歪《ゆが》められた姿になったと指摘しています。怨霊が祟《たた》りをなし、妖怪が人を殺して世界を破壊してしまう怪異譚《たん》となりました。「鬼滅の刃」をはじめ現代の妖怪は「劇場型」です。妖怪はキャラクター化され、漫画や映画・テレビ・パソコンゲームなどによって作られ拡散しています。「鬼滅の刃」では、主人公・炭治郎《たんじろう》が鬼にされた妹・禰豆子《ねずこ》を救うため鬼祖の鬼舞辻無惨《きぶつじむざん》と戦います。そのなかで恐怖と憎しみ、真実と偽り、家族と信頼、諦《あきら》めと誇《ほこ》りなどが語られ、人々は強く自律した意志と行動力をもつキャラクターの姿に哀しみと喜び、期待と楽しみの心を体験しているのでしょう。

外に向かう妖怪、内に向かう仏教

さて、仏教から見たら妖怪はどうなるのか。二つの視点から捉えてみます。第一は「救済」です。幽霊・亡霊は仏教の救済対象です。例えば世阿弥《ぜあみ》作の謡曲『実盛《さねもり》』は、篠原《しのはら》という場所での合戦で討ち死にした斎藤別当実盛《さいとうべっとうさねもり》が、遊行《ゆぎょう》上人の説法場面に亡霊（老人）となって現れます。実盛は木曾義仲《きそよしなか》を打ち損じて落命したことを悔い、

２００年間も「執心」がこの世に残って闇に迷っていました。そして上人に懺悔の物語を語り、念仏によって成仏《じょうぶつ》したというものです。本願寺第10代證如上人《しょうにょしょうにん》（１５１６～１５５４）の頃には、石山本願寺の能舞台で６回も上演されています。蓮如《れんにょ》上人は法談の合間に謡曲を謡《うた》わせたとも言われます。二つ目の視点は、真宗にとって妖怪とは「魔」「鬼神」にあたります。親鸞聖人は『教行信証』化身土巻《けしんどのまき》・末巻で『大乗《だいじょう》起信論《きしんろん》』を引用して「あるいは衆生《しゅじょう》ありて、善根力《ぜんごんりき》なければ、すなわち諸魔《しょま》・外《げ》道《どう》・鬼神《きじん》のために誑惑《おうわく》せらる」と述べておられます（『真宗聖典』３８７頁）。魔や鬼神は仏道を歩む者を迷わせるものです。また、悪鬼神は昔仏法で「決定《けつじょう》の信」を得たものであったが、後に悪知識に近づいて他人の過ちを見るようになって悪鬼神に生まれた、とも述べています（同上３７３頁）。親鸞聖人はあらゆる宗教現象を真《しん》・仮《け》・偽《ぎ》の三種類で捉えました。欲望を肯定し煩悩を煽《あお》るような妖怪は仏道を障《さまた》げる邪《よこしま》で、「偽なるもの」でしょう。

妖怪の世界は、現代的に言えば「仮想現実」です。人間の生活する外側にあるという異界ですが、現実の世界ともつながっています。だから「おもしろい」のです。仏教は現実に生きる人間の内側、我が身の心の世界です。現実の外側に向かう世界か、内なる世界に向かうのか、方向性が違うのです。仮想のリアリティではなく、現実の中に真実のリアリティを求め体現するのが仏教です。

がまいけ　せいし

1951年愛知県生まれ。同志社大学文学部文化学科・同朋大学文学部仏教学科卒業。博士（文学）。専攻は民俗学。元同朋大学特任教授。同朋大学仏教文化研究所研究顧問。真宗大谷派名古屋教区長善寺前住職。著書に『探訪 真宗民俗―儀礼の伝承と現代社会』（東本願寺出版）、『真宗と民俗信仰』（吉川弘文館）、『真宗と現代葬儀「葬儀」と「死」のゆくえ』（法藏館）など。

法語

あるいは衆生《しゅじょう》ありて、善根力《ぜんごんりき》なければ、すなわち諸魔《しょま》・外道《げどう》・鬼神《きじん》のために誑惑《おうわく》せらる

出典／『教行信証』化身土巻・末巻（『真宗聖典』387頁）

28
「お菓子」は別腹！
乳粥も甘茶も自然の甘味でした。

渡邊愛子
（京都光華女子大学非常勤講師）

乳粥《ちちがゆ》の大いなる意味

お釈迦さまが6年間に及ぶ前正覚山《ぜんしょうがくさん》での限界的苦行の末に、苦行に傷んだ身体では正覚《しょうがく》に至れないと感じて山を降りました。麓《ふもと》の尼蓮禅河《にれんぜんが》の中州にある村で、とある大樹の根方に端座《たんざ》されたお釈迦さまを自分が常に崇拝している樹神《じゅしん》の顕現と思ったスジャーターが乳粥を供養します。それによって蘇《よみがえ》られたお釈迦さまは、尼蓮禅河で沐浴《もくよく》されブダガヤの菩提樹《ぼだいじゅ》のもとでお悟《さと》りに到達なさいました。お釈迦さまがおそらく餓死の際《きわ》にいらした時にスジャーターの乳粥は空ききった胃の消化力にも相応《ふさわ》しく、また甘味は遭難時に飴《あめ》やチョコレートが大きなエネルギー源として登山の必須携行品であるように、苦行の果てのお釈迦さまに最も相応しい供養でした。大いなる供養として涅槃《ねはん》直前のチュンダの供養と共に後世まで伝えられています。

ジャータカによれば、スジャーターは樹神にかけた祈願が成就したので感謝の供養の準備中でした。先ず千頭の牝牛《めうし》の乳を５００頭に飲ませ、その乳を２５０頭に飲ませ、というふうに16頭から8頭にまで濃縮、さらにその乳を攪拌《かくはん》して濃度と甘味を増加させ、その乳で粥を炊いたと記されています。特別の乳粥でした。その日その場でのお釈迦さまとの邂逅《かいこう》も「偶然と言う名の必然」といえましょう。

さて別腹とは充分に食事を摂った後、さらに少量の甘いものをいただくことと一般に用いられています。ここでは普通一般の食事でない全く別の食物、あるいは胃袋を充たすという範疇《はんちゅう》を超え、餓死《がし》の淵《ふち》に瀕《ひん》したお釈迦さまを危機一髪で救い、それによって悟りに至る原動力になったのですから、お釈迦さまと全人類の苦悩を救う全く別のいのちの一椀だったのではないでしょうか。また若きシッダッタ皇太子時代、宮廷の最高級の食事で育ったあと、出家し、断食し、餓死寸前に与えられた一椀の乳粥は、おそらくお釈迦さまにとって生涯最高の味であり、悟りへの源《みなもと》になったと思われます。

ですからここで私たちが満腹でももう一口いただけるのはお釈迦さまの乳粥を、いのちの原動力をいただくことと思い到ります。これまでただ食欲のままに珍しいデザートに舌鼓《したつづみ》を打ってきたことが反省されます。別腹のお菓子とは私にとってお釈迦さまの乳粥でした。

甘茶に学ぶこと

次に甘茶です。子どものころから「花まつり」でお釈迦さまに甘茶を注ぐのは楽しみでした。花御堂《けなみどう》の屋根は子ども心にお釈迦さまに親しみと尊敬を覚え、後から甘茶をいただけることは甘いものに餓えていた戦後生まれの私の大きな楽しみ、今の人には想像もつかないかもしれません。

原始仏典によれば、誕生仏に注がれたのは甘茶ではなく月光のように清らかな二筋の天の聖水でした。それがのちに甘露水の代用として甘茶になったようです。この甘露水《かんろ》とはヴェーダの時代から天上の神々の飲み物で、不死の身になれる蜜のように甘い物とされていました。原語はサンスクリットでamrtaで「不死」の意味です。良く知られた仏典童話に「芥子《けし》の種」（キサーゴータミーという若い母が幼い息子の死に遭い、お釈迦さまに救われる物語）があります。これは最後に示したダンマパダ（法句経《ほっくぎょう》）の一一四偈の注釈書に伝えられた実話です。

不死について考えてみましょう。一般に私たちが恐れる死は肉体の死でしょう。そして私たちはいのちを生の面からのみ観ているので、キサーゴータミーのようにその反対の死を恐れ忌《い》み嫌うのです。彼女は村中の家を芥子を求め歩きますが、お葬式を出したことのない家はありませんでした。その事実を初めて身をもって知った彼女は比丘尼《びくに》となり、遂には悟りに到達します。不死は肉体的に死なないのではなく、生死一如《しょうじいちにょ》の事実に目覚め死を恐れることなく精進の生涯を生き尽くすこと、完全燃焼とともに安らかな涅槃（甘露）に到るのだと思います。

お誕生の時に天からの聖水で清められたお釈迦さまでしたが、やがて正覚に到達し全ての人々を救ったので、花まつりでは甘露水（甘茶）が注がれるようになったのでしょう。花まつりにしか甘茶のご縁にふれない今、コロナによって生死一如の警鐘が鳴らされています。

わたなべ　あいこ
1946年横浜生まれ。大谷大学大学院博士課程満期退学。京都光華女子大学真宗文化研究所非常勤講師。著書に『仏典童話』（東本願寺出版）など。

法語

不死《しなない》の境地を見ないで
百年生きるよりも、
不死の境地を見て
一日生きることのほうがすぐれている。

出典／『ダンマパダ』（『ブッダの 真理のことば 感興のことば』岩波書店（岩波文庫）、26頁）

29

「動物」に学ぶ

動物たちの不思議な物語に息づく、仏教の「共生感覚」。

福田 琢（同朋大学教授）

種の本能と我執からの解放

釈尊《しゃくそん》（お釈迦さま）の最初の説法は、インドはバラナシ郊外の「鹿の園（ミガダーヤ）」（鹿野苑《ろくやおん》）で行われました。名前どおり野生の鹿たちの憩いの場だったようで、『西遊記』の三蔵法師《さんぞうほうし》として有名な唐の玄奘《げんじょう》が、その由来をこう伝えています――かつてこの地に、鹿肉を好み、狩りをする王様がいた。そこで群れのリーダーだった鹿の王が、この人間の王と交渉し、一日一頭を食用にさし出す代わりに、他の鹿に手を出さないよう約束を取り付けた。それから鹿たちは毎日一頭ずつ、自らの命を犠牲に仲間を守っていた。だがある日、妊娠中の牝鹿が、次は自分の番だが、どうか赤ん坊を産むまで待ってほしいと懇願した。不憫《ふびん》に感じた鹿の王は、自身が身代わりとなって人間の王のもとに赴《おもむ》いた。話を聞いた人間の王は、鹿の王の態度に感銘を受けて殺生《せっしょう》をやめ、以来ここは鹿の楽園となった。その鹿の王こそ、実は過去世（前世）における釈尊その人だったのである、と（『大唐西域記《だいとうさいいき》』第七巻）。

この逸話をヒントに、釈尊の最初の説法を鹿の群れが集まって聴く、という場面を創作した漫画もありましたが（手塚治虫『ブッダ』第四部 第五章「鹿野苑」）、ともかくこれと同じように、輪廻転生《りんねてんしょう》という古代インドの死生観を前提とした「釈尊の前世物語」の伝承は他にもたくさんあり、『ジャータカ』（本生譚《ほんじょうたん》）という説話集にまとめられています。そこには、先ほどの鹿の王はもちろん、兎、猿、鳥、それに水生動物など、さまざまな生き物が登場して、みな自分の命すら投げ出して家族や仲間を救おうとします。そしてそれが過去世（前世）における釈尊の行いとして称えられるのです。

実際、動物たちは子や群れを守るために、しばしば驚くほど自己犠牲的で利他的な行動をとります。むろんそれは、ただ個体よりも「種」や「遺伝子」の保存を優先しているだけで、結局は生命を守るための本能的行為に過ぎないのかもしれません。とはいえそこには、個としての生存に執着し、それゆえ個として老い死ぬことに深くおびえる私たち人間にとって、見習うべきある種の「我執からの解放」のかたちがある。『ジャータカ』はそう語りかけているようにも思えます。

生命の蕩尽《とうじん》に対する憤り

『スッタニパータ』（中村元訳『ブッダのことば』岩波書店（ワイド版 岩波文庫））は、弟子たちが詩句にまとめて暗誦《あんしょう》し伝えた釈尊の語録ですが、その中にこんな一節があります。

「母や父や兄弟や、また他の親族のように、牛はわれらの最上の友である。牛からは薬が生ずる。それらは食料となり、気力を与え、皮膚に光沢《つや》を与え、また楽しませてくれる。このような利益があることを知って、かれら（昔の賢者たち）は決して牛を殺さなかった」（二九六〜二九七偈）。

今でもインドやネパールでは、荷車を引く牛が自動車に交じって往来する光景が当たり前に見られますし、牛乳やチーズなどの乳製品は、血を流さず安価に得られる栄養源です。牛糞は繊維が多く、家の壁の素材に用いられ、あるいは乾かして燃料に使われます。発酵した牛の小便は、昔は傷や虫刺されの薬に使われたそうです。牛は、あるいは動物たちは、人間の生活に欠かせない伴侶なのです。ガンジス河中流域の豊かな農村地域に生まれ育った釈尊にとって、それは理屈抜きの、肌でおぼえた実感であったのでしょう。

しかし釈尊が世にあらわれた紀元前六世紀ごろ、この一帯は農業技術の改良と貨幣の流通によって生活が潤い、急速な勢いで商業都市化が進みました。今も昔も、都市はその豊かさで人間を魅了し、過剰な消費への欲望を煽《あお》ります。誘惑されるままに人々は贅沢をおぼえ、ついには家畜や動物を、一時の快楽のために屠《ほふ》るようになりました。そのような無益な生命の蕩尽は、釈尊には許しがたく映ったのでしょう、『スッタニパータ』は畳みかけるような対句でこう訴えています。「いかなる生《いき》物類《ものしょうるい》であっても、怯《おび》えているものでも強剛《きょうごう》なものでも、悉《ことごと》く、長いものでも、大きなものでも、中くらいのものでも、短いものでも、微細なものでも、粗大《そだい》なものでも、目に見えるものでも、見えないものでも、遠くに住むものでも、近くに住むものでも、すでに生まれたものでも、これから生まれようと欲するものでも、一切の生きとし生けるものは、幸せであれ」（一四六〜一四七偈）。

「涅槃図《ねはんず》」をご覧になったことはありますか？　仏陀入滅《にゅうめつ》（ご臨終）の様子を描いた画ですが、沙羅双樹《さらそうじゅ》の元に横たわる釈尊の周囲に、人間たちや神々に交じって、象、獅子、牛、鹿などさまざまな動物が寄り添っています。『涅槃経』という経典の冒頭に、そのような描写があるのです。

鹿の王をめぐるジャータカ物語も、涅槃図も、おそらく後代の想像の産物です。しかしそれは、人間と動物の生命を分け隔てない、釈尊の「共生の感覚」が自然《おのず》と生み出したイメージです。摩訶《まか》不思議に見えても、ただの絵空事ではないのです。

ふくだ たくみ
1963年埼玉県生まれ。大谷大学大学院博士課程満期退学。同朋大学教授。専門は仏教学。共著に『北朝隋唐中国佛教思想史』（法藏館）、『龍谷大学仏教学叢書4 倶舎』（自照社出版）など。

法語

一切の生きとし生けるものは、
幸せであれ

出典／『スッタニパータ』（中村元訳『ブッダのことば』岩波書店（ワイド版 岩波文庫）、37頁）

30

「宇宙」を知る

広大無辺な世界が自分自身に開かれている。

大江憲成（九州大谷短期大学名誉学長）

仏教はなぜ宇宙論を説かなかったか

私たちがいる宇宙とは、どんな形で、どんなあり方をしているのか。宇宙には始まりや終わりがあるのか…。それらは、いつの時代でも人間を捉えて離さない疑問でありましょう。ですから、ヨーロッパでも中国でも大昔から宇宙論が説かれてきましたし、仏教が始まった古代インドにも「須弥山《しゅみせん》説」のような宇宙観がありました。

しかし、仏教は宇宙論を展開する方向には進みませんでした。なぜでしょうか。お釈迦さまは、「世界は空間的に有限か無限か」、「時間には始まりや終わりはあるのか」といった観念的な議論をあえてされませんでした。このことを「無記」といいますが、私はそれを「積極的沈黙」といっていいと思います。

なぜお釈迦さまは、そうした議論をされなかったのか。有名な「毒矢の喩え」では、毒矢が刺さって苦しんでいる人を前に、「この矢は何でできているのか」、「誰が射たのか」などと議論しても意味がない、肝心なのは毒矢を抜くことだ、と説かれています。お釈迦さまにとって、まず大切なのは人々を今、この現実の苦しみから解放することだったのです。それで、先のような観念的な議論は法（道理《どうり》）に背いた見解（邪見）であり、人間を正しいさとりへ向かわせないものであるとされ、積極的に沈黙の態度（無記）をとられたのです。

お釈迦さまが見いだされたこの法（道理）は、「縁起《えんぎ》の法」とも表現されます。

すべては「因」と「縁」によって、計り知れないつながりの中で生起している。相互に依存しあい、織りなす関係そのものであり、はたらきである。したがって、そこには他と無関係に孤立して独自に存在する恒常的な実体（我《が》）はない……。

私たち人間は、ふだんの生活の中で、ありもしない「我」を実体化して執着し、「自分の生きがいは何か？」とか「自分は役に立つのか立たないのか？」といったことで悩んでいます。

「我」を基礎にして「答え」を出し、その出した答えに縛られて、孤立した出口のない人生を、悲鳴をあげながら生きているのです。「こんなはずじゃない」と。

そんな私たちをあわれみ、〝あるがままの真実（如《にょ》）に目覚めてほしい〟と願っていてくださる仏さまの世界があるのです。

その世界が「阿弥陀仏の浄土」です。広大で無辺な世界でありますが、宇宙論で論じられる客観的な人知の対象としての宇宙ではありません。

「浄土」に照らされて「三界」を生きる

親鸞聖人が「真実の教え」として仰がれたお経《きょう》が『仏説無量寿経』です。そこには久遠《くおん》の昔からはたらいている如来《にょらい》の本願《ほんがん》が語られ、その本願が私たちに今、成就している事実が教えられています。これが本願の世界、浄土です。

つづいて天親菩薩《てんじんぼさつ》は『浄土論』で、その浄土について私たちに丁寧に教えてくださっています。

「かの世界の相を観ずるに、三界《さんがい》の道に勝過《しょうが》せり」。

つまり、かの浄土のすがたをいただいてみると、この私たちの三界の生き方を超えて、しかも包んでくださっているのです。

ここで、「二つの世界」が開かれてまいります。

一つは「かの世界」、阿弥陀仏の浄土であり、形なき阿弥陀仏の願心が象《かたど》られた世界であります。

もう一つは「三界」で、「欲界」（欲望の世界）、「色界」（物質の世界）、「無色界」（欲望も物質もない精神世界）という三つの世界です。そこで私たちは、最高の精神世界という理想の頂点（有頂天《うちょうてん》）を目指し、自分と他を比較しながら三つの世界を経めぐる、出口のない流転輪廻《るてんりんね》の世界を生きているのです。

これは、現実社会の中で他人を蹴落としてでも出世しようとしたり、人よりも尊敬されたいとあくせくしながら生きている世界そのものです。

そこで、この私たちの世界、「三界」の生き方が「無内容で」「終わりなく」「空転していく」虚妄なるものであることを、仏さまが悲しみ、ご覧になって、どうか真実に生きてくださいと願っている世界が「浄土」なのです。浄土は、三界の延長ではなく、「彼方からのはたらき」として、現に三界に苦しんでいる私たちにはたらきかけてくださっているのです。

さらに、前述の詩句に続いて、その世界は、

「究竟《くきょう》して虚空のごとく、広大にして辺際なし」。

つまり、あたかも虚空のように、どこまでも、どこまでも、広大で行き詰まりがありません。

ここで虚空とは梵語ではākāśaといい「空間」、つまり、すべての存在を包摂する広がり、場を意味します。そこからいわゆる宇宙論へと展開していくことも予想されますが、その方向ではなく、浄土の豊かさの譬えとして語られるのです。

宇宙が永遠であるかどうかではなく、現に今このちっぽけな身に虚空にも喩えられる広大無辺な世界が限りなく開かれてあるという感動こそが、私たちが浄土を仰ぎ讃嘆《さんだん》する内容であります。

そのことが知らされると、三界に身を置きながら限りなく浄土のお育てをいただいて、わが身を捨てず丁寧に生きる生き方が開かれてくるのです。

この浄土という世界の認識は、現代の宇宙論のような人知の対象としての世界観ではなく、仏陀の智慧において知らされてくる世界観なのです。

今、現代科学では、さまざまな宇宙論が説かれています。それらの理論の発展はめざましいものですし、私たちの好奇心、知的興味を刺激してやみません。

しかし、私たちがこの果てしなく広がる宇宙を思うとき、その一方で人知を超えた広大無辺な浄土の世界が自分自身の中に開かれているということを忘れてはならないと思うのです。（談）

おおえ　けんじょう

１９４４年大分県生まれ。京都大学文学部哲学科を経て同大学院博士課程満期退学。仏教学を学ぶ。九州大谷短期大学名誉学長。専門は仏教学、真宗学。真宗大谷派九州教区観定寺住職。著書に『浄土からの道―二河白道の譬えに聞く』『暮らしのなかの仏教語』『人生を丁寧に生きる―念仏者のしるし』（以上、東本願寺出版）など。

法語

かの世界の相を観ずるに、
三界《さんがい》の道に勝過《しょうが》せり。
究竟《くきょう》して虚空のごとく、
広大にして辺際なし。

出典／天親菩薩『浄土論』（『真宗聖典』135頁）

31

「歴史」に学ぶ

仏教が説くのは昔の話ではなく、現代を生きる私たちの「今」の話。

古田和弘
（九州大谷短期大学名誉学長）

聞いた感動から始まる「歴史」

まず「歴史」とは、過去に起こった出来事をきちんと確かめ、それがどういう意味をもち、あるいはどういう因果関係でそうなったのかを押さえることでしょう。そして、それによって私たちがこれから先に向かって、どういう視点をもてばよいのかを明らかにすることでしょう。「温故知新（故《ふる》きを温《たず》ね新しきを知る）」という言葉がありますように、過去をよく確かめて、それに基づいて現在と未来を見ていくことです。

この場合には、客観性が重要視されます。いつ、どこで何が起こったのか、誰が関わったのか、どのような結果になったのかなど、その痕跡の積み重ねが「歴史」であります。しかし、はたして私たちは完全な客観というものを知ることができるのでしょうか。痕跡が残らなければ「歴史」にはならないのでしょうか。

その問題を仏教について見てみると、大乗《だいじょう》仏教の経典は客観的な「歴史」の視点からすれば説明がつきません。どの経典も「仏説」として記録されています。いずれも釈尊が亡くなってから少なくとも四、五百年は経って成立したものですが、私たちはそれを「仏説」として聞くのです。

そもそも仏教、特に大乗仏教における歴史観は、娑婆《しゃば》世界、つまりこの現実世界を超えたところから「現実」と「歴史」を見ています。ですから、経典を「仏説」

として見ていく場合、その成立に前後関係をつけるなど、そこに娑婆の論理を適用することはできません。「仏説」である経典は、いずれも「如是我聞《にょぜがもん》」あるいは「我聞如是」から始まります。「このように私は聞いた」という感動から始まるのが、仏教における「歴史」なのです。

願いの「歴史」に自分を位置づける

『歎異抄』第2章に次のような親鸞聖人のお言葉が伝えられています。「弥陀《みだ》の本願まことにおわしまさば、釈尊の説教、虚言《きょごん》なるべからず。仏説まことにおわしまさば、善導《ぜんどう》の御釈《おんしゃく》、虚言したまうべからず。善導の御釈まことならば、法然のおおせそらごとならんや。法然のおおせまことならば、親鸞《しんらん》がもうすむね、またもって、むなしかるべからずそうろうか」。一般的に仏教の「歴史」は、経を説かれた釈尊から始まります。しかしここでは、阿弥陀仏の本願から釈尊へと展開していきます。

　これは私たちの客観的、科学的な歴史観から見れば辻褄《つじつま》が合いません。しかし、本願の「歴史」としてはこうとしか言いようがないのです。「弥陀の本願まことにおわしまさば」というのは、「もしまことであるならば」という仮定の話ではなく、「まことであるので」という理由を表します。親鸞聖人にとって「弥陀の本願」とは、今起こっている事実なのです。そのことが「弥陀の五劫思惟《ごこうしゆい》の願《がん》をよくよく案ずれば、ひとえに親鸞一人《いちにん》がためなりけり」とも言われます。あえて言えば、これが仏教における「歴史」の基本です。

　親鸞聖人が作られた『正信偈《しょうしんげ》』には、念仏の「歴史」が詠《うた》われています。その「歴史」を確かめながら生きるということが『正信偈』を学ぶということであり、具体的には、日々の勤行でとなえることは、その「歴史」の中にある自分を確かめることなのです。

　また、親鸞聖人による歴史観としてもう一つ大切なのは「末法」という視点です。教えが正しく伝わる正法の時代から、像法を経て末法の時代に入ると、そこではびこるのは、よこしまな考えや思い上がりの心の人間、罪悪深重《ざいあくじんじゅう》の凡夫《ぼんぶ》です。『正信偈』は、全体を大きく二つの段落に分けて見られます。阿弥陀仏の本願が讃えられたのが「依経段《えきょうだん》」ですが、その結びに、「邪見憍慢《じゃけんきょうまん》の悪衆生《あくしゅじょう》」が本願念仏を信じることは、はなはだ困難であると詠われています。ここで親鸞聖人が「邪見憍慢」と言われるのはご自身のことでしょう。阿弥陀仏の本願が事実であり、釈尊がせっかく世に出られてその事実を説いてくださったのに、それを自分は受け取ることができないという悲しみが述べてあります。もしも、ここで終わってしまえば、『正信偈』は「絶望」の歌ということになります。

しかし、実はここから後半の「依釈段」（「印度西天之論家《いんどさいてんしろんげ》」からあと）がダイナミックに展開され、釈尊が世に出られた本当の意味と、本願が「邪見憍慢の悪衆生」にこそふさわしいことを明らかにされた高僧がたの徳が讃えられていきます。そして、そのことによって、「絶望」は「喜び」へと転じていくわけです。『正信偈』で詠われるのは、絶望や悲しみの中にありながら喜ぶことのできる世界です。それを知らせようとしてきたのが仏教の「歴史」なのです。

昔から、経典や『正信偈』『歎異抄』などを読むときは、声に出して読むように教えられてきました。それは「聞く」ということです。その声を聞くことによって、文字には表せない、願いの「歴史」の中に自分を位置づけるということでしょう。仏教は決して古典ではありません。仏教が説くのは、昔の話ではなく、現代を生きる私たちの「今」の話なのです。（談）

ふるた　かずひろ

1935年、京都府生まれ。大谷大学教授を経て、現在、大谷大学名誉教授、九州大谷短期大学名誉学長。専攻は仏教学。著書に『宗祖親鸞聖人に遇う』『涅槃経の教え―「わたし」とは何か―』『親鸞の「いのちの歌」正信偈入門』（以上、東本願寺出版）など。

法語

弥陀《みだ》の本願まことにおわしまさば、
釈尊の説教、虚言《きょごん》なるべからず。
仏説まことにおわしまさば、
善導《ぜんどう》の御釈《おんしゃく》、虚言《きょごん》したまうべからず。
善導の御釈まことならば、
法然のおおせそらごとならんや。
法然のおおせまことならば、親鸞《しんらん》がもうすむね、
またもって、むなしかるべからずそうろうか。

出典／『歎異抄』第2章（『真宗聖典』627頁）

仏教《ぶっきょう》のミカタ
—仏教《ぶっきょう》から現代《げんだい》を考《かんが》える31のテーマ

2022（令和4）年4月15日　第1刷発行

発行者　木越　渉
発行所　東本願寺出版（真宗大谷派宗務所出版部）
〒600-8505　京都市下京区烏丸通七条上る
TEL　075-371-9189（販売）
　　　075-371-5099（編集）
FAX　075-371-9211

デザイン　藤本孝明＋如月舎
印刷・製本　シナノ書籍印刷株式会社

　ISBN978-4-8341-0647-3 C0215